Сергей Чесноков

ДМИТРИЙ ПРИГОВ: ЯЗЫК БЕЗ ГРАНИЦ

(по материалам доклада 5 ноября 2015
на международной конференции «Пригову 75»
ГМИИ им. А.С. Пушкина, Москва)

Израиль, 2018

С любовью посвящаю книгу Лине, моей жене. Без ее участия в ежедневной работе над текстом, прояснением идей, положенных в основу, замечаний, как редактора, а также усилий в решении наших насущных проблем в процессе работы, книга не могла бы состояться.

Сергей Чесноков
Израиль,
7 марта 2017

 Published by Paul Mostinski, Philadelphia, Pennsylvania, USA Book cover by Jeanne Sugira

Library of Congress Control Number: 2018960225

ISBN: 0692107886
ISBN-13: 978-0692107881

СОДЕРЖАНИЕ

Предисловие

Гуманитарная культура – это речь и тексты, сказанные или написанные в ответ на другие тексты и речь (Бахтин[1]). Своей жизнью и творчеством Пригов задел столь многих, что ответный поток текстов и речи ныне велик и с течением времени активно растет.

Пригов, что называется, *пролечил* огромные ареалы уже, казалось, вечной немоты в русском языке, возникшие вследствие идеологических интервенций тоталитарной власти, с одной стороны, и тоталитарного перерождения корневой культуры, которая этой власти противостоит, - с другой. Его поэтическое творчество – прямой разговор о простых вещах простыми словами. В нем тщательно вытравлены претензии на превосходство над кем бы то ни было культуры как «соотносительных приличий, задержанных в своем развитии»[2]. Никакой рафинированности переживаний, исключительности своей персоны, своего амплуа, жизненного опыта, бесспорных оценок добра и зла. Пафос, причастность

[1] М. М. Бахтин, «Из архивных записей к работе "Проблема речевых жанров"», в кн. М. М. Бахтин, Собрание сочинений, т.5, Москва, «Русские словари», 1996, стр. 207 и далее.

[2] О. Мандельштам, Черновые наброски к «Разговору о Данте», в кн. Слово и Культура, Москва, 1987, стр. 153.

«высшим началам», «безоговорочные разоблачения», «метафоры ради метафор», окончательно и бесповоротно отвергнуты, как и сарказм, ядовитая гибкость, овечья кротость, убийственная ирония. Никаких страданий об упадке культуры, как исключительной духовной собственности «избранных». Вместо оценок – констатации и новые выразительные возможности скрытых диалогов между легко узнаваемыми противоречивыми началами, которыми полна жизнь. Ясность, с какой Пригов выразил свои мысли, вызывает разные, часто несовместимые, но бесспорно живые чувства: изумление, возмущение, улыбку, отторжение, сопричастность, ужас, смех...

Язык огромного творческого наследия Пригова – художника, поэта, артиста – по природе иной, нежели его язык как мыслителя, аналитика, философа, культуролога, внимательного к реальностям и проблемам современного мира. Вместе с тем оба языка глубоко взаимосвязаны, представляя культурную традицию, истоки которой уходят в глубь веков, заметную в Европе и Америке, но, за редкими исключениями, не характерную для современной России по причинам, в большинстве хорошо известным. Среди тех, кто развивал эту традицию в XX веке, – Бахтин, Фуко, современные американские и английские этнометодологи. В центре их внимания – «язык без границ», т.е. язык как явление, не сводимое к текстам и речи, но представляющее повседневную жизнь людей во всех ее проявлениях. Тема книги – связь Пригова с этой традицией и его вклад в нее. Пригов все про себя объяснил сам, в том числе в многочисленных интервью[3], лучше, чем это способен сделать кто-либо другой, я – не

---

[3] Выразительный пример – книга Дмитрий Пригов, Сергей Шаповал «Портретная галерея Д.А.П.», Москва, НЛО, 2003. В нашей семье есть её экземпляр с автографом «С.В.Ч. от имени Д.А.П».

исключение. Сознавая это, я ставил перед собой задачу не объяснить, а по мере сил, находясь в диалоге с Приговым, связать то, что ранее, как мне кажется, было не связано, или связано недостаточно. Насколько цель достигнута – судить читателю.

Приношу глубокую благодарность Надежде Буровой за идею написать эту книгу и действенную поддержку в работе над ней.

Собственно, мыслимым счастливым свершением моей суетливой и поспешной жизни были бы одна-две, застрявшие в чьих-то чутких головах, нехитрые грамматические изобретения: Как это там у Пригова – то-то как это и то!

Пригов 1985, «Стих как воля и представление»

Изучена ваша наука
Изучена наша наука
И третья…, да вот в чем вся штука:
Выходит занятная скука.
Вот здесь бы поверху науки
Искусству и карты бы в руки
Да слишком тяжелые штуки
Ложатся на нежные руки.

Пригов 1976

1. Почти манифест

В «Открытом письме» (1989), Пригов, микшируя серьезность типичными для него экспрессивными текстовыми репризами, писал, обращаясь к друзьям:

«… мы не знаем себя. Да, да, да, да, да, да! Мы себя не знаем! Кто же, кроме нас, взглянет нам в глаза друг другу, кто объявит друг друга для себя и в целокупности этих открытий, их объема, качества, предметности и истории явит всех нас целиком как некий провиденциальный организм, суммой своих бытийных проявлений и свершений, если не превышающий, то и не спутываемый с тайной отдельного служения каждого из нас. …

Нет, нет, не объяснений, не теорий и мыслей необъятно-фантасмагорических, не трактовок произведений и прочих материальных отходов наших духовных откровений (они говорят сами за себя) жаждет от нас история, как история разносмысленных, определенно-направленных человеков. Объяснений и трактовок полно уже внутри самих наших произведений, так что любая попытка толкователей, до сей поры мне известная, мало что прибавляет, но лишь пытается стать конгениальным родственником -- так и будь им сам по себе! Нет, нет и нет -- агиография, новая агиография -- вот что мерещится мне как истинный ответ на зов истории».

Подзаголовок «К моим современникам, соратникам и ко всем моим» – это обращение к реальным людям. В конце Пригов перечисляет их. В первую очередь тех, кого считал соратниками: Орлов, Рубинштейн, Сорокин, Кабаков, Булатов, Лебедев, Монастырский, много имен. Но не только. Перечисляет и некоторых из тех, с кем по разным поводам сводила жизнь. В отношениях с людьми Пригов был не ленив и любопытен.

2. Встреча

Мы познакомились в конце 1981-го, друзья привели меня в скульптурную мастерскую Бориса Орлова, где работал Пригов. Дима и Борис дружили с детства, вместе учились в Строгановке. У Пригова не было мастерской, Орлов дал ему часть своей. Рядом с «Матросом» Орлова, другими известными его работами, я впервые увидел приговские «банки». Дмитрий Александрович подарил несколько «книжечек», отпечатанных на пишущей машинке (он называл их «мини-буксами»; в течение многих лет это был единственный для него способ сделать свои стихи доступными хотя бы для узкого круга читателей). Мы часто виделись на выставках, литературных чтениях, семинарах московских концептуалистов. Один из них был в точности как в стихотворении из «книжечки» с названием «В краю жемчужном Бао Дая» (1984):

Пригов: О таинстве жизни гадая
Сидели мы в страшный мороз
И ветер холодный принес
Нам голос живой Бао Дая
Он пел, что не надо томиться
О прелести жизни страдать
И был он, едри его мать,
Родной, словно в воздухе птица
Замерзающая

Это цикл стихотворений, где Пригов изящно решил им же поставленную необычную поэтическую задачу: не прибегая к словесному определению, используя лишь ситуативные контексты, превратить лишенное смысла сочетание букв «Бао Дай»[4] в точное имя ментального феномена, который в жизни знаком каждому, но не имеет общепринятого собирательного имени. Если объяснить обычными средствами (что намного менее живо и точно, чем у Пригова), речь о мифологеме, как универсальном явлении, аккумулирующем в себе власть одних людей над другими, веру в надчеловеческие сущности, и, будучи квинтэссенцией ирреальности, составляет предмет безотчетных убеждений, воспринимается как высшая реальность, которую люди хранят в душе, и ни за что не хотят с ней расставаться. Отдельные стихотворения разбросаны по разным изданиям. Но они не дают представления о целом, то есть о серии примерно пятидесяти стихотворений, которые, следуя друг за другом, образуют безупречную композицию, – уникальное поэтическое произведение. За свою жизнь ничего подобного по идее и исполнению не встречал.

[4] Бао Дай – имя последнего вьетнамского императора, правившего с 6 ноября 1925 по 23 августа 1945 года. Для подавляющего большинства русскоговорящих Бао Дай – произвольное сочетание букв, в лучшем случае намек на некое восточное имя, «артикуляционная пустота». Серией из 50 стихотворений Пригов превращает это пустое сочетание букв в запоминающееся имя легко узнаваемого, широко распространенного явления.

3. Театр Пригова[5]

Каждая книжечка – миниатюрный «театр». «Сцена» – четвертушка листа формата А4, где разыгрываются одна за другой миниатюры из жизни современного русского языка.

На «обложке», таком же листочке, как все, название: «Стих как воля и представление», «По следам нарастающего чувства», «Восьмая азбука», «Месяц квазижизни», «Вопли души полусуществующей», «Песни борьбы и согласия»… Книжечек огромное количество. Обязательное предуведомление: коротко изложенная фабула. «Действующие лица», «персонажи» – языки описания: взятые из жизни способы думать, говорить, наделять сказанное смыслом. Странички со стихами – «мизансцены». «Персонажи» выясняют отношения между собой не через властные амбиции, не в борьбе на взаимное уничтожение, право представлять «культуру», «духовность», «вечные ценности», а через совместное участие в тексте стихотворения, выражающего мысль

[5] Ассоциации работ Пригова с театром возникли у меня в первой половине 80-х не случайно. Я работал тогда в Театре на Таганке (моем «гуманитарном университете», 1981-85) в амплуа осветителя, пожарника и, отчасти, актера (с подачи Ю. Любимова играл себя в спектакле Ю. Погребничко). За прошедшие 30 лет ассоциации творчества Пригова с театром лишь окрепли.

поэта. Откровенно демонстрируя себя друг другу на ближней дистанции, они остаются сами собой.

Свое личное присутствие в дискурсах и нарративах персонажей своего театра Пригов характеризует как «мерцательное». Очевидна аналогия с классической драматургией. Перевоплощаясь в каждого из персонажей в момент создания пьесы, классический драматург обязан убрать из окончательного текста следы своего присутствия Так убирают строительный мусор при завершении стройки. Оставить лишь персонажей[6], да технические указания на авторство реплик и обстановку мизансцен. Место автора *между репликами* актеров, в атмосфере и коллизиях действия; экзистенциальная свобода персонажей обеспечивается дистанцией между происходящим на сцене и автором. В этом залог правдивости характеров и убедительности драматических коллизий на театральных подмостках. Без этого нет театра.

Драматург, если угодно, *обязан* любить **всех** своих персонажей: добрых, злодеев, святых, лицемеров, скупых, бессребреников, – всех. Без исключения. Любить, чтобы, перевоплотившись в каждого, выявлять их сущность не через авторские оценки по поведению (любимое занятие в русской литературе), а через само поведение, демонстрацию себя в отношениях с другими персонажами на сцене театра в согласии со своей волей, манерой жить, интересами. Особый дар. Пригов обладал им в полной мере. Сквозная фабула его драматургии – бытие современного русского языка во всем его многообразии.

[6] Борхес Х.Л., Everything and Nothing. В кн. Борхес Х. Л., Проза разных лет. Москва, «РАДУГА», 1984.

4. «Нога»

Что привело его к театру, Пригов подробно объясняет в тексте «Нога» (1984)[7]:

Пригов: Конечно же, мы говорим не о конфессиональном или профессиональном языке газетчиков, докладчиков идеологов (и о нем тоже), но *о языке нынешней жизни, который (язык) нам выпало прожить честно, нечужеродно, как судьбу – с прислушиванием и угадыванием, без зависти и кивания на чужие удачливые судьбы (удачливые ли?)* (курсив мой, СЧ); о языке, который мы должны проговорить сквозь себя, чтобы все, что в нем жизнь – явилось жизнью, и проговорить его должны мы, по возможности не прельстительными голосами и интонациями не доживших до наших дней высоких и немыслимых философов или голосом певца в стане древнерусских воинов, но скудными (для непривыкшего уха) голосами его реальных жителей и произносителей: рабочих, колхозников, милицанеров, майоров, интеллигентов, образованщины. И не должны мы

[7] В 1984 году Пригов дал мне второй экземпляр этого текста со своей правкой, – в связи с темой нашего с ним разговора во время одной из встреч. Он сохранился в нашем семейном архиве. Он не был опубликован. В ноябре 2015 мы с Линой (моей женой) передали его копию в московский архив Пригова.

> заманивать их в заоблачные замки и великосветские рауты, где они явно и заранее несостоятельны, но подсмотреть, узнать, предъявить им свои претензии или полюбить их на своих местах, в своих одеждах, под своими именами, в свое время (которое, кстати, наше тоже). Скудость же и убогость этих ситуаций (по сравнению с культурными пиршествами весьма недалеких времен), оборачивающиеся в поэзии нищенством образов, словаря, фразеологии, размеров, рифм и пр.. не есть недостаточность или курьез, но суть исторического момента русского языка, в котором мы волею Провидения поселены и живем, не имея под рукой ничего иного, чтобы подтвердить жизнь и запечатлеть ее. Естественно, что во всем этом соучаствует и литературный язык, но не в аспекте долженствования, а бытования, т.е. не как он должен жить и не как в соответствии с ним должно жить, но как он живет и как им живут.

Чтобы прожить в «языке нынешней жизни честно, нечужеродно», принять язык «как судьбу, с прислушиванием и угадыванием, без зависти и кивания на чужие удачливые судьбы», «проговорить сквозь себя, чтобы все, что в нем жизнь, явилось жизнью», проговорить «голосами его реальных жителей», Пригов с огромным вниманием впитывал в себя языки описания, присущие разным людям и сообществам. Осваивал способы думать, говорить, наделять смыслом сказанное, которые брал из жизни. С середины 70-х это стало осознанной, глубоко мотивированной потребностью, фундаментальной частью повседневной жизни и работы в языке.

Отсюда огромный поэтический словарь Пригова: фактически весь лексикон современного живого русского языка. Мандельштам считал, что «в русской поэзии первостепенное дело делали только те работники, какие непосредственно участвовали в великом обмирщении языка, его секуляризации». Последовательное обмирщение поэтической речи, внимание к «шуму словаря» он рассматривал как важнейший признак поэтического здоровья[8]. Говоря его словами, Пригов несомненно «доверяет родной почве» и уверенно «всюду может поставить свою ногу».

[8] «Заметки о поэзии» в кн. О.Мандельштам «Слово и культура», Москва 1987, стр. 69.

5. Учителя, предшественники, мотивация

Есть ли у Пригова учителя, предшественники? Если да, то кто? Он учился у многих. Его учителя разбросаны по столетиям и тысячелетиям истории культуры. У каждого взял то, что считал важным. В итоге *в языке нынешней жизни, который ему выпало прожить честно, нечужеродно, как судьбу*, он создал направление в поэтическом искусстве, не имеющее аналогов в российском прошлом. Параллели с классиками не проходят. Пригов «неканонический классик»?[9] – Наверное. Либо канонический, но в каком-то давно забытом, древнем смысле:

Там где с птенцом Катулл, со снегирем Державин
И Мандельштам с доверенным щеглом
А я с кем? Я с милицанером милым
Стоим, осматриваемся кругом
Я тенью легкой, он же тенью тени
А что такого? Всяк на свой манер
Там все одно. Ну два. Там все мы птицы
И я и он и милиционер

---

[9] Неканонический классик: Дмитрий Александрович Пригов. Сборник статей и материалов. Москва, НЛО, 2010, – 784 с., ил., + DVD-диск.

Его рукотворный памятник не похож на монументы, к которым «не зарастёт народная тропа»:

В будущем как-нибудь детское тельце
К тельцу прижмется шепча горячо
Здесь вот покоится дедушка Ельцин
А рядом покоится вождь Горбачев
Ну, а другое такое же очень
Тихое тельце прошепчет в ответ:
А я вчера видела, как среди ночи
По полю бродит Пригов-поэт –
Знаешь такого? –
Нет! –
Ну, и ладно

ОБЭРИУты, Хармс, Введенский, Заболоцкий… Их чаще других упоминают как предшественников. Но Пригов отрицал эту преемственность. Зов, следуя которому он принял амплуа поэта и артиста как жизнь и судьбу, был иным:

Я задремался и из мрака
Мне мир всплыл нелюбодей
Платоновых идей и Маркса
Освободительных идей
И я проснулся – копошенье
Какой-то черной мелкой тли…
Так вот оно – отображенье!
И услыхал: Ты, червь, смотри
И вижд

Классическая мотивация к восстановлению связи времен в широком смысле.

Свое развитие как универсального артиста Пригов в конце 90-х определил как движение от утопического сознания к «постутопическому». От монокультуры к поликультуре. От «модернизма» к «протопостмодернизму»:

«Концептуализм, *пришедший к нам* (*курсив* мой – СЧ), был последней отрыжкой авангарда, на нем лежал отпечаток утопии. Постмодернистское сознание – сознание постутопическое, именно оно снимает проблему доминирования направлений, жесткость понятий «прогрессивное», «реакционное» и т.д. Так вот, мы занимались соц-артом, потом осознали себя как концептуалистов, но местная ситуация того времени поставила нас в весьма интересное положение. Оказалось, что мы изначально практиковали своеобразный протопостмодернизм» [10].

[10] Дмитрий Пригов, Сергей Шаповал «Портретная галерея Д.А.П.», Москва, НЛО, 2003, стр. 93.

6. Разговор о Пригове. Первая оптика

«Оптикой» Пригов называл присущий каждому человеку способ видеть и осознавать поведение окружающих (в том числе, следуя призыву «смотри и виждь»).

В разговоре о Пригове у меня две оптики: условно «первая» и «вторая».

Источник первой в том, что стихи Пригова стали мне нужны как часть моего собственного языка. Как вещи обихода в повседневной жизни. Друзья знают: я вспоминаю строки Пригова в самых, казалось бы, неожиданных ситуациях. Я не разучивал их, они сами всплывают в памяти. Прочитанные или услышанные однажды, они запоминаются сразу. От меня в них только реакция на актуальный контекст, выбор стиха, интонация, иногда небольшой комментарий. Эта оптика многолика как многолики бесчисленные жизненные ситуации, с которыми вдруг ассоциируются стихи Пригова.

Я говорил ему, что его стихи мне напоминают изящные миниатюры, которые хочется вертеть в руках, разглядывая, удивляясь тому, как же все-таки они сделаны. В августе 90-го мы с Линой были в Мюнхене, а Пригов в Берлине. Услышав по радио «Свобода» интервью со мной, он неожиданно приехал в Мюнхен, нашел нас с Линой и подарил только что вышедший сборник «Слезы геральдической души» с надписью: «Сергей Валерианович! Цена слова – это не то, сколько за него платят, а та, сколько оставляют, чтобы его потрогать. 23/7-90, г. Мюнхен».

В предуведомлении к книжечке «Стих как воля и представление» Пригов пишет:

> «Собственно, мыслимым счастливым свершением моей суетливой и поспешной жизни были бы… застрявшие в чьих-то чутких головах нехитрые грамматические изобретения: 'Как это там у Пригова то-то как это и то!'».

Это мой случай. Стих Пригова словно ключ, который выпускает на свободу запертые в сознании не поддержанные словом мандельштамовские «слепые ласточки» впечатлений и мыслей. Пригов возвращал их к жизни. Я часто видел и вижу, как тот же ключ в сознании других людей освобождает из плена впечатления совсем иные, порой неожиданные, либо вообще чуждые мне. Заботясь о многоплановости прочтения, считая это нормой, Пригов вместе с тем сочувственно относился к семантическим коллизиям, которые сопровождали и сопровождают реальную жизнь его наследия:

(1985) Мысли мне на ум пришедшие
И отшедши от ума
Или самая сама
Мысль не то чтоб сумасшедшая
Но сошедшая с ума
Моего и в жизнь ушедшая
Что ты бедная и где
Маешься среди людей
И меня позоришь

Пригов при жизни стал родоначальником множества виртуальных персонажей, которые носят его имя и живут в сознании тех, кто сталкивался с ним, его творчеством. Прошло 11 лет как он ушел. Но число персонажей, носящих его имя, намного увеличилось. Теперь полные тезки Пригова, которого нет, демонстрируют себя друг другу как независимые создания. Жизнь и судьба каждого определяется волей его владельца. Огромная армия Приговых. Мой персонаж с именем «Дмитрий Александрович Пригов» находится среди них. Никаких преимуществ перед другими у него в принципе нет. Это и есть жизнь после жизни.

Окруженный тьмой сходных по природе персонажей, но с фамилией Пушкин (многие из них даже имени своего не знают, не то что отчества), Пригов, дистанцируясь от них, писал:

Пушкин, Пушкин, ты могуч
Ты гоняешь стаи туч
Безутешных, всенародных,
Уходи, меня не мучь

Или, диагностически безупречно:

Внимательно коль
приглядеться сегодня
Увидишь, что Пушкин,
который певец
Пожалуй скорее что бог плодородья
И стад охранитель и народа отец
Во всех деревнях, уголках бы ничтожных
Я бюсты везде бы поставил его
А вот бы стихи я его уничтожил –
Ведь облик они принижают его

Или:

Вся мелкая тварь словно Пушкин щебечет
А крупная Лермонтовым говорит.
Кому говорит? И чего говорит?
А после стреляет в овал человечий
Который внизу где-то там проскакал
А тот говорит ему вверх: аксакал
Нехорошо поступаешь.

Дмитрий Александрович предвидел, что аналогичное может случиться и с ним. И, в расчете на будущее, внес в контекст существования одноименных себе персонажей сущность под названием Бао Дай, завершив цикл стихотворений о нем следующими двумя:

Вот он раскинул свои сети
И тихо шепчет: Попадай
Ловись в нее людские дети
Вам всем ловитель Бао Дай
А следом я раскинул сети
Предписываю: попадай
В нее ловитель Бао Дай
А с ним и пойманные дети
Людские

***

Я здесь предчувствовал его
Ходил и всматривался в лица
Вот Кабаков – да нет, не то
Орлов, Сорокин, Монастырский
Некрасов, Рейган, Миттеран
Иль Рубинштейн – не то, не то
Но вдруг к себе я пригляделся
И тихо ахнул: Боже мой!
Так вот он, вот он – Бао Дай
Явился!

Было удивительно приятно, что на конференции 5-7 ноября 2015 в ГМИИ им. Пушкина на Волхонке, где собрались люди из разных стран, чтобы отметить 75-летие Пригова, зал был полон, но никому не нужно было объяснять, о чем, собственно, в этих стихах идет речь.

Если истоки первой оптики в том, что Пригов, как поэт и артист, подарил мне часть меня самого, то истоки второй оптики в том, что он поддержал меня как гуманитарный мыслитель, в моем амплуа. Поддержал точными представлениями о языке и гуманитарной реальности окружающего мира. Поддержал, опираясь на ясно различимые факты, доступные обоим. Нам было легко говорить и понимать друг друга. Пригов прав, когда как-то сказал, что мы похожи на близнецов, которых в младенчестве разлучили и воспитали в разных средах. Но поведенческие выводы у каждого были свои, как и жизненные проекты. Здесь, в этом тексте, вторая оптика доминирует. В этой связи я хочу пояснить, что собой представляет мега-проект моей жизни.

7. Разговор о Пригове.
Вторая оптика: два языка – две культуры

7 мая 1959 года в Кембриджском Университете физико-химик и писатель Чарльз Перси Сноу (C. P. Snow, 1905-1980) прочел лекцию (Rede Lecture) «Две культуры» (The Two Cultures)[11]. Профессионал в двух амплуа, Сноу поддерживал дружеские отношения с обширными кругами ученых и литераторов. На многочисленных примерах он показал, что с начала 30-х интеллектуальные конфликты гуманитариев и ученых физико-математического профиля переросли в

конфликт двух культур, каждая со своим языком, словарем, способом видеть мир и оценивать события в нем.

Особенности характера и биографии сделали меня причастным обеим культурам.

Трагедия семьи (результат революции и репрессий), романсы бабушки и мамы, гитара (с которой не расстаюсь), тяга к деятельному состраданию и личной свободе, – с детства предопределили во мне гуманитарные начала. Стремление к надежным знаниям о мире (частью которого я считал всех окружающих и себя), неприятие насилия и лжи от имени «науки» и «государства» заставили меня получить диплом

[11] C. P. Snow, The two cultures, Rede Lecture at the University of Cambridge.

физика теоретика (МИФИ, лекции читали ближайшие ученики Ландау) и защитить PhD в области физико-химической гидродинамики[12] . На это ушло 9 лет (60-69). Думал, владение физико-математическим языком поможет лучше понимать людей, себя, жизнь. Я ошибся. Амплуа певца «запрещенных песенок», дружеские отношения с художниками и поэтами, участие в андерграундных проектах дали мне то, что точные науки дать не могут в принципе. Получение знаний о безжизненном мире оказалось радикально отличным от того, как люди получают знания о людях.

В итоге конфликт «двух культур» Сноу я пережил как конфликт двух языков (физико-математического и гуманитарного) во мне самом, как личную проблему[13]. Я не смог полюбить безжизненную квазигуманитарную культуру научных сообществ, но любил и люблю точные знания. Понимая, как люди получают знания о природе, я решил выяснить, как люди получают знания о людях, и чем в этом может быть полезен физико-математический язык.

Три года (69-72) я изучал американский и европейский опыт применения математики в социологии, психологии, лингвистике[14] в плотном рабочем контакте с теми, кто представляет эти области знаний в России[15]. Результат был неожиданным. Кроме натурального счета и простейших

[12] Научные руководители Ю.А. Чизмаджев и В.С. Маркин.

[13] С. Чесноков «Два языка две культуры. Проблема и ее составляющие»; https://sergeichesnokov.wordpress.com/texts/.

[14] Меня интересовали прежде всего следующие ученые: Кетле (Adolphe_Quetelet, 1796-1874), Кемпбел (Norman Campbell, 1880-1949), Терстоун (Louis Thurstone, 1887-1955), Стивенс (Stanley Stevens, 1906-1973), Лазарсфельд (Paul_Lazarsfeld, 1901-1976), Кумбс (Clyde Coombs, 1912-1988, Торгерсон (Warren Torgerson, 1924-1999), Саппес (Patrick Suppes, 1922-2014).

[15] Помимо работы с литературой этот процесс включал участие в домашнем семинаре психолингвиста, писателя, эссеиста Ревекки Фрумкиной, где обсуждались новейшие зарубежные подходы к созданию точных методов для гуманитарных наук, а также сотрудничество в решении проблем гуманитарной исследовательской практики с профессиональными социологами Борисом Грушиным, Юрием Левадой, Владимиром Ядовым, Овсеем Шкаратаном и другими.

операций над целыми числами, **все (!)** математические методы, поддерживающие теоретическую и экспериментальную физику[16], оказались непригодными для анализа данных, полученных путем диалогов с людьми.

Специальные математические методы, созданные в США и Европе[17] также не вызывали доверия: лежащие в их основе аксиомы и математические операции игнорировали природу гуманитарного языка и социальных знаний. В своем скепсисе я не был одинок. В свое время известный американский социолог, методолог и культуролог П. Сорокин (Pitirim_Sorokin, 1889-1968) определил практику применения этих методов в социальных науках как болезнь ума, дал ей имя «квантофрения» и объяснил, почему[18]. Его выводы подкрепили английские этнометодологи P. Filmer, M. Philipson, D. Silverman, D. Walsh в книге New Directions in Sociological Theory (1973), где они развивают идеи Гуссерля (Edmund Husserl, 1859-1938), Шюца (Alfred_Schütz, 1898-1959), Гарфинкеля (Harold_Garfinkel, 1917-2011) и Сикурела (Aaron Cicourel, born 1928).

Надо было определяться. Признать конфликт двух языков неразрешимым было равносильно согласию разделить свое сознание на «ящики»: наука в одном,

[16] Я имею в виду корпус дисциплин, образующих современный математический анализ. Это: дифференциальное и интегральное исчисление (включая теорию дифференциальных и интегральных уравнений), теория рядов, высшая алгебра, теория групп, теория функций комплексного переменного, классическая теория вероятностей, многомерный статистический анализ, теория актуально бесконечных множеств, современная формальная логика.

[17] Это прежде всего методы шкалирования (Scales within social sciences), основанные на идее замены слов числами или подобиями чисел, см. Stevens S., Mathematics, measurement and psychophysics. In: Handbook Experimental Psychology, NY, 1951 pp. 1-49, а также методы обнаружения и описания связей между понятиями гуманитарного языка по данным выборочных обследований, в том числе кластерный и факторный анализ с многочисленными модификациями.

[18] P. Sorokin. Fads and Foibles in Modern Sociology, Free Press, NY, 1956. См. также P. Sorokin «Declaration of Independence of the Social Sciences» (1941) within P. Sorokin, On the Practice of Sociology, Univ. of Chicago Press, 1998.

музыка в другом, повседневность в третьем… Так живут многие. Я не хотел[19]. Мне не было тридцати.

И я занялся развитием математики, основанием которой служат очевидные большинству специалистов факты, характеризующие универсальные свойства гуманитарного языка и сознания, факты, сотворенные природой, которые не волен отменить никто. Только такая математика, я назвал ее *натуральной*, способна не быть в конфликте с гуманитарной культурой.

В гуманитарном языке единица знания – простое предложение. Знания о людях в виде таких предложений каждый человек получает из диалогов с другими людьми. Социологические опросы суть серии диалогов специального типа: социолог задает разным респондентам одинаковые вопросы, фиксируя ответы. Подсчитывая числа одинаковых ответов и, отдельно, сочетаний ответов, социолог оценивает необходимость и достаточность одних ответов для появления других и на этом основании строит простые предложения, где подлежащие и сказуемые суть реплики диалогов. Так натуральные числа и отношения между ними оказываются основой для появления единиц знаний в виде простых предложений. И никакой «квантофрении»!

Я стал искать в научной литературе строгую математическую теорию, описывающую, как простые предложения порождаются натуральными числами, скрытыми в сериях диалогов, но не нашел[20]. Тогда, весной

---

[19] Я рассказал об этом Пригову, – он отреагировал упомянутой выше фразой: «Мы с вами. Сергей Валерьянович, похожи на близнецов, которых разлучили в младенчестве и воспитали в разных средах».

[20] Может показаться, что такая теория существует в рамках теории вероятностей. Но нет. Теория вероятностей родилась из наблюдений за ходом игр в карты или кости, диалогов особого типа, где каждая реплика есть однозначно понимаемый результат случайного процесса (см. классическую книгу Ars Conjectandi, 1713). В гуманитарных диалогах смысл реплик определяет свободная воля участников диалога, основанная на личной мотивации, причем каждая реплика имеет, вообще говоря, столько разных смыслов, сколько участников диалога.

1972, я начал медленно, шаг за шагом, строить такую теорию. К осени 1980 вариант теории (я назвал ее *детерминационный анализ*) был готов и оформлен в виде монографии. Спустя два года, осенью 1982, Главная редакция физ.-мат. литературы издательства «Наука» опубликовала эту монография[21] по рекомендации ученых, поддержавших меня[22]. Среди гуманитариев, знакомых мне лично, чьи независимые взгляды на природу гуманитарного языка я безусловно разделяю, самым близким для меня по духу был и остается Пригов[23].

В 1983-м внутри детерминационного анализа обнаружилось мощное обобщение силлогистики Аристотеля[24]. Оказалось, что известные 256 классических силлогизмов (из которых 24 истинные, остальные ложные) представляют частные случаи потенциально бесконечного количества силлогизмов, образующих расширенную силлогистику, где каждый силлогизм являет собой «простое предложение второго порядка». Найденный мною математический метод вычисления истинности (ложности) любого силлогизма в расширенной силлогистике оказался развитием идей Аристотеля[25] в направлении, которое указал Эйлер в знаменитых «Письмах к немецкой принцессе» (Letters to a German Princess)[26]. Но что поразило меня больше всего, так это то, что математическим основанием вычислений

[21] С. Чесноков. Детерминационный анализ социально-экономических данных. Москва, «Наука», 1982.

[22] Монография появилась по рекомендациям, Л. В. Канторовича, С.С. Шаталина, Д.А. Поспелова, О.С. Пчелинцева.

[23] Кроме Пригова среди поэтов, деятелей искусства, моих современников, — это Л. Рубинштейн, А. Галич, Н. Матвеева, Ю. Любимов. В среде ученых гуманитарного профиля это Б. А. Грушин, Г. С. Батыгин, В. С. Ротенберг.

[24] С. Чесноков. 1) «Силлогизмы в детерминационном анализе». Известия АНСССР, Тех. кибернетика, 5, 1984, стр. 55-83, а также 2) «Детерминационная двузначная силлогистика». Известия АНСССР, Тех. кибернетика, 5, 1990, стр. 3-21.

[25] Аристотель, «Первая и Вторая аналитики».

[26] Гуманитарному языку и логике Аристотеля посвящены письма 100-108 (C-CVIII, pp.385-425), написанные с 7 февраля по 7 марта 1761 года.

истинности (ложности) силлогистических суждений в приближении двузначной логики стал метод, открытый в 1938 году Леонидом Канторовичем[27]. Тот самый метод, что спустя без малого сорок лет был отмечен Нобелевской премией 1975-го года по экономике.

Я подробно рассказал Пригову об этом сюжете (разумеется, не вдаваясь в математические детали) во время наших прогулок в районе метро Беляево и улицы Волгина. Когда мне предложили выступить с изложением расширенной силлогистики на семинаре в Институте социологии, Пригов сказал, что хочет пойти со мной. Я был рад, и мы пошли на семинар вместе. Пригов внимательно слушал мой доклад. С огромным интересом он наблюдал реакции участников и дискуссию.

Вскоре потребовался английский перевод статьи с изложением идей расширенной силлогистики для публикации в США. Денег не было. Пригов поговорил с женой, Надеждой Буровой, и сказал, что она может сделать перевод. В итоге статья[28], вышедшая в журнале “Fuzzy Sets and Systems”, завершается словами: «*Я благодарен поэту, скульптору и графику Дмитрию Александровичу Пригову за его наглядные уроки активного проживания в стихии гуманитарного языка, уроки, ставшие важными для меня и моих занятий. Я также глубоко благодарен Надежде Георгиевне Буровой за ее тщательный перевод этой статьи*».

[27] Я передал Леониду Витальевичу мою работу с изложением этого результата. Была осень 1985. Сын его, Всеволод Леонидович, говорил мне, что видел, как отец, уже в тисках неизлечимой болезни, неоднократно возвращался к чтению этой работы. См. также С.В. Чесноков, «Леонид Витальевич Канторович: штрихи к портрету» в кн. “Леонид Витальевич Канторович: человек и ученый”, Vol 1, стр. 226-230.

[28] S. V. Chesnokov, The Effect of Semantic Freedom in the logic of Natural Language. Fuzzy Sets and Systems 22 (1987) 121-154.

В 1984-м мой друг, психофизиолог Вадим Ротенберг (сейчас живет в Израиле) во время наших ночных прогулок по Москве прочел мне курс лекций по функциональной асимметрии мозга и своих идеях в этой связи. То, что он рассказал, удивительным образом перекликалось с идеями детерминационного анализа, об этом мы тоже говорили. Параллельно я о наших беседах рассказывал Пригову, а замечаниями Пригова делился с Вадимом. В результате появилась наша совместная с Вадимом Ротенбергом статья в Известиях АН СССР под названием «Виртуальность имен в процессе диалога в естественном языке»[29]. В самом начале сноска: «*Возможность использовать термин «виртуальность» применительно к отношениям между именами образов в естественном языке была подсказана авторам поэтом, графиком и скульптором Д.А. Приговым в частной беседе*».

Прошло 30 лет. Работы, начатые весной 1972, продолжаются. Появились новые результаты. Возникли приложения в медицине, лингвистике, генетике, социальных исследованиях, современных базах данных и интернет-технологиях. Введение в натуральную математику (в том числе натуральную логику) по состоянию на 2008 год содержит моя книга «Феноменология диалогов…»[30].

Я верю, что с течением времени натуральная математика получит мощное развитие. Здесь много красивых задач и полезных приложений. К надеждам на такое будущее натуральной математики располагает, в частности, исследование событий в недавней истории

---

[29] В.С. Ротенберг, С.В. Чесноков. «Виртуальность имен в процессе диалога в естественном языке». Известия АНСССР, Тех. кибернетика, 5, 1986, стр. 115-127.

[30] С.В. Чесноков «Феноменология диалогов в гештальт-теории, математике, логике» Москва, 2009, 2013. Текст книги в формате PDF доступен по адресу https://sergeichesnokov.wordpress.com/texts/, раздел «Тексты», пункт 4. «НАУКА».

современной математической культуры, которое предпринял М. Клайн (Morris Kline, 1908-1992) профессор математики Курантовского Института математических наук (Нью Йорк)[31]. Все, что в математике опирается на надличностные факты, демонстрируемые природой, останется. Все, что не имеет отношения к природе, уйдет в небытие. Математика неизбежно будет осознана как наука о языке, на котором сознание людей говорит с природой, и в этом качестве важной частью ее, продолжая наследие античности, будет надличностная теория универсальных функций языка, порождаемых геномом человека. Слова Пуанкаре о математике «Эта наука… приближается к природе, и раньше или позже придет с ней в соприкосновение; в этот момент необходимо будет отбросить чисто словесные определения, которыми нельзя будет довольствоваться» — пророческие. Я не доживу до времени, когда это станет азбучной истиной. Но, пока я жив, приближать это время мне помогает Пригов. Возвращаюсь к нему.

[31] См. книги Клайна *Mathematics: The Loss of Certainty*, Oxford University Press, 1980 (ISBN 0-19-502754-X, *Mathematics and the Search for Knowledge*, Oxford University Press, 1985 (ISBN 0-19-503533-X).

8. Два языка – одна культура

Два разных по природе языка представляют персональный язык Пригова, идеально дополняя и поддерживая друг друга, каждый со своим полем приложения и областью компетенции.

Первый поддерживает творчество Пригова-артиста. В нем несколько подъязыков: поэтический язык; языки литературной прозы, эссе, перформансов, опер; языки графики, стихограмм, скульптурных работ, инсталляций. Но доминирует, безусловно, язык поэтический. Он сложился в период между 1972-м и 1980-м, когда Пригов осуществил реформу своего прежнего поэтического языка. Идея реформы и новый тип литературного поведения были подсказаны опытом работы в области изобразительного искусства. Новый поэтический язык стал центральным во всем творчестве Пригова. Возникла та самая поэтическая речь, которая «из враждебных кусков создает сплав»[32], «бесконечно более сыра, бесконечно более неотделанна, чем так называемая разговорная», и «никогда целиком не укладывается в

[32] О. Мандельштам «Заметки о поэзии», в кн. О. Мандельштам, Слово и Культура, Москва, 1987, стр. 68.

содержание культуры» [33]. Все остальные подъязыки так или иначе выходят из нового поэтического языка или сформировались под его влиянием.

Второй язык, аналитический, радикально иной по природе. Пригов использует его в общении, повседневной жизни, везде, где необходимы точные суждения, подкрепленные фактами аргументы. Этим языком Пригов также блестяще владеет, объясняя мотивы своих действий в амплуа поэта, художника, артиста, компактно и ясно выражая мысли, сохраняя постоянную готовность разъяснить, уточнить, ответить на вопросы, если собеседник выражает интерес. Замечательные примеры – интервью, записанные и изданные Сергеем Шаповалом[34], беседы и тексты с участием Пригова в книге «Неканонический классик»[35].

Оба языка представляют культуру Пригова, в которой все выверено до мельчайших деталей, и в то же время абсолютно спонтанно и наполнено заразительной жизнью, заразительной в буквальном смысле. Пригов стал родоначальником культуры, пока еще уникальной, но количество людей, которые симпатизируют этой культуре, уже исчисляется миллионами. Притом, что количество тех, для кого эта культура неприемлема либо вообще не достойна внимания, значительно больше. Культура Пригова не скоро станет «соотносительным приличием» по Мандельштаму. Более того, я сомневаюсь, что она вообще когда-нибудь станет таковой, поскольку в себе самой содержит противоядие против любых «соотносительных приличий». Среди особенностей,

[33] О. Мандельштам «Черновые наброски к 'Разговору о Данте'», там же, стр. 153-154.

[34] Дмитрий Пригов, Сергей Шаповал «Портретная галерея Д.А.П.», Москва, НЛО, 2003.

[35] Неканонический классик: Дмитрий Александрович Пригов. Сборник статей и материалов. Москва, НЛО, 2010, – 784 с., ил., + DVD-диск.

которые служат таким противоядием, я бы отметил следующие.

Жил такой поразительный человек Михаил Яковлевич Гефтер (1918-1995). Он был близкий друг Величанских, чья семья была для меня одно время фактически моей семьей благодаря Ларисе Гавриловне, маме Володи Величанского, моего близкого друга. У них было три сына. Старший, Саша Величанский, известен как поэт и переводчик. Пригов его хорошо знал. Я был дружен со средним – Володей, мы вместе учились в МИФИ, пели в маленьком ансамбле и устраивали массовые песнопения, увлеченные американской и греческой песенными культурами, с которыми были хорошо знакомы благодаря родителям Володи. Миша и Рахиль Гефтеры, Леня и Лариса Величанские дружили со студенческих лет, оказавшись на истфаке МГУ в Москве, в конце 30-х, и часто собирались у Величанских дома. Когда Ларисы Гавриловны не стало, на ее поминках (там была тьма народу, – она много добра сделала людям) мы столкнулись с Михаилом Яковлевичем в узком полутемном коридорчике квартиры Величанских на улице Крупской. – Как жизнь, Сережа? – Да вот, иду назад к Платону. Гефтер взял меня за плечи: – Вперед, – сказал он, глядя прямо в глаза. – Вперед, Сережа. Вперед – к Платону! Как историк культуры, он знал что говорил.

Пригов шел *вперед* к Платону. Вбирая прошлое, делал его настоящим и будущим.

Пригов утверждал личную свободу каждого и противостоял тоталитарным началам, независимо от того, исходили они от власти или от культуры. Но делал это, не влипая в способ строить текст так, как требовала тоталитарная власть или культура, зараженная тоталитарностью со знаком плюс либо минус по отношению к власти. Не призывал к свободе. Не разоблачал, не клеймил, не пригвождал к позорному столбу. Не делал объектом злой иронии. Просто фиксировал события; констатируя, а не оценивая, сталкивая лоб в лоб имиджи текста, привычные и понятные всем носителям русского языка, например,

Вот мороз, а вот те солнце
Вот те ворон-воронок
Тело мертвого армейца
Даже ворону не в прок
Ой ты мерзлый конармеец
Нынче ангел жарких стран
Как оттуда те виднеется
Все, что тут ты настарал

***

Вот я, предположим, обычный поэт
А тут вот по прихоти русской судьбы
Приходится совестью нации быть
А как ею быть, коли совести нет
Стихи, скажем, есть, а вот совести – нет
Как тут быть

Еще одна отличительная черта приговской культуры в амплуа поэта и артиста: четко продуманные взаимосвязанные уровни смысла (не менее двух). Формально похоже на уровни смысла у Данте, но без клерикальной подоплеки. В приведенных примерах это несколько уровней: анекдот, ирония, констатация, комедия, трагедия. Каждый читатель увидит то, что ему близко. Или не увидит вовсе.

Любые претензии артиста на «объективное содержание» созданного им, – не более, чем завуалированное стремление к власти того или иного типа, например, к власти культуры. Дорога в никуда. «Объективное» (т.е. надличностное, надчеловеческое) прочтение или восприятие произведения искусства – это абсурд, хотя претензии на такое прочтение – частое явление, особенно в обществе, где множественность культур отвергается. Если искусство допускает объективное (надличностное) прочтение, это не искусство по определению. Не плохо и не хорошо. Просто другой жанр, например, аналитический текст. Либо проявление тоталитарной идеологии.

Многоуровневость облегчает прочтение, но не навязывает его. Любое прочтение допустимо и неподотчетно никому в мире, кроме того, кому оно принадлежит. Оно может совпадать или не совпадать с другими, вызывать веер новых текстов, новой речи, но у Пригова не подлежит «надчеловеческой абсолютизации» средствами языка.

Пересказ приговских поэтических текстов «своими словами» всегда потеря, усекновение смысла. «Умри, Денис, лучше не скажешь», в оригинале обращенное к Денису Фонвизину, сплошь и рядом может быть адресовано Пригову.

Культура Пригова принадлежит авангарду и традиции одновременно.

Искусство XX века развивалось под знаком дилеммы «авангард-традиция». Я много раз говорил и писал (в том числе в статье о Пригове и Рубинштейне 2004 года[36]), что эта дилемма искусственная. Того же мнения придерживаюсь и сейчас. "Традиция" и "авангард" суть два "глаза", которыми человек смотрит на мир и на себя. Аналогия буквальная.

Каждый глаз по отдельности дает плоское изображение и только оба вместе обеспечивают бинокулярное, объемное зрение. Так устроены реальные глаза. Традиция настаивает: любой визуальный образ

---

[36] С. Чесноков. Московский концептуализм. Пригов и Рубинштейн. «ЗНАНИЕ-СИЛА» № 5, 2004, стр. 80.

есть часть реального мира, не принадлежащего человеку. Авангард, напротив, обращает внимание, что тот же визуальный образ есть часть не менее реального сознания, принадлежащего человеку. И то и другое справедливо, оставаясь по отдельности двумя разными «плоскими изображениями» культуры. Лишь вместе они являют «бинокулярное зрение», представляющее культуру в полном объеме.

Настаивать на культурном превосходстве авангарда со всеми его течениями, включая концептуализм, либо, напротив, традиционного искусства со всей его историей, то же самое, что утверждать, будто лучше иметь один глаз, вместо двух.

В современном поликультурном мире дилемма «традиция – авангард» потеряла статус жесткой альтернативы в немалой степени благодаря музеям, таким как Centre Pompidou в Париже, MoMA в Нью Йорке, "Tate modern" в Лондоне и многим другим. Но традиционное искусство все равно остается более доступным, и потому более предпочтительным для большинства зрителей, чем современное искусство, выросшее в русле авангарда.

Величие и новаторство ДАП в том, что он перевел стрелки этого спора с бессмысленного вопроса "что лучше" на острый для современной цивилизации вопрос "что такое язык и сознание как реальность". Перевел, не вступая в инвалидный спор, а "просто" построив язык, в котором все современное искусство есть естественное расширение обычного языка **в том смысле, в каком рассматривал язык Бахтин.** Действуя как гениальный art-ист, художник и мыслитель, Пригов показал, что единственный выход у современной культуры - признать сознание и язык в качестве особой реальности, которая существует в природе, но представляет в ней явление, радикально отличное от реальности мертвой, той, без знания которой нельзя создать интернет, самолеты, компьютеры, ядерное оружие и т.д.

Еще одна особенность культуры Пригова связана с темой смерти. Вариант жизни по принципу «жить над землею на метр и исчезнуть, не живши на ней», Пригов отверг для себя вместе с сентенцией Самуила Маршака, призывающей не думать о смерти, не верить, что она вообще есть, поскольку «миг этот будет всегда предстоящим, даже за час, за мгновенье до смерти».

Струна издает ясный звук лишь закрепленная с двух концов. Так и жизнь, закрепленная в сознании только фактом рождения, не полнокровна, являя сон разума. Свою жизнь Пригов закрепил ощущением смерти, когда вступил с ней в борьбу еще будучи ребенком. Победив, он возобновлял это ощущение всю жизнь без аффекта, бравады и пафоса.

Пригов: Смерть к нам бывало и та заходила
И на посту нас всегда находила
Мы ей бывало в глаза поглядим
Непобедимые и говорим:
Что испугалась, красавица серая
И не такие у нас в эсэсэрии
Бывали

Для Пригова образ себя в своем сознании и себя в сознании другого человека (равно как образ любого другого человека в его сознании и его же образ в сознании Пригова) – суть ***независимые реальности, полностью равноправные в языке***. Это одна из фундаментальных аксиом в культуре Пригова. Тема этого равноправия постоянно в разных вариантах звучит у него темой артиста, представляющего в своем творчестве образы других людей как часть себя, своего сознания. Например, так (1983):

Пригов: Вот живешь ты здесь, живешь
А там кто-то умирает
Тебе деньги оставляет
Я вот деньги и беру
В смысле, деньги ты берешь
Нет, все-тки деньги я беру
Я же выдумал все это

Следуя праву быть собой во всем, он никогда не «шел в бой во имя…». Ему чужда любая пафосность. Это его кредо. С ним он родился как артист. С этим он пришел в «московский концептуализм», с этим продолжил свою работу, когда сообщество художников с таким названием перестало существовать практически сразу после аукциона Сотбис в Москве 1987 года.

9. Чтение и мир

Сознание многих его сверстников (и моих: я моложе на 3 года) с детства воспитано на чтении «хороших книг», изданных в хрущевскую оттепель или сохранившихся чудом в домашних библиотеках либо на чердаках. Книги воспринимались как двери в мир настоящий, нескучный. Реальный советский мир отходил на задний план, становился как бы ирреальным. А мир, вычитанный в книгах, мир ирреальный, становился реальным, оставаясь, конечно, придуманным. Чтение было как своего рода детская болезнь «литературная ветрянка», которую не вылечить зеленкой. Результаты этой болезни облекались в тогу «одухотворенности», «высокой культуры» и сказывались на всей жизни.

Пригов в детстве и юности читал мало. Жил, внимая и доверяя судьбе[37]. А судьба ему преподносила уроки по специальной программе, чтобы не забывал, что окружающий мир, и только он, есть фундаментальная реальность. Были уроки общедоступные:

---

[37] Дмитрий Пригов, Сергей Шаповал «Портретная галерея Д.А.П.», Москва, НЛО, 2003, стр. 27-65.

Пригов: Когда мы все недоедая
В военных памятных годах
Ложились спать, то в детских снах
Малютку звали Бао Дая.
И он являлся тут как тут
Неся в руках тарелку супу
Конфетку и пучок укропу
Покажет да и уберет
Тут же

Индивидуальные уроки тоже были. В раннем детстве судьба судила ему полиомиелит, почти потерю ноги, угрозу полной инвалидности. Оставаясь с этим один на один, не афишируя, но отвечая волей к жизни, Пригов играл в футбол вратарем, танцевал. Был наивен, принимал за истину в последней инстанции все, что говорили и делали другие, включая Сталина (и до, и после его смерти). Верил людям, считая их более сведущими, чем он сам. Окончил школу, был слесарем на заводе. Через двадцать лет пишет об этом так:

Пригов: Выходит слесарь в зимний двор
Глядит: а двор уже весенний
Вот так же как и он теперь –
Был школьник, а теперь он слесарь
А дальше больше – дальше смерть
А перед тем преклонный возраст
А перед тем, а перед тем
А перед тем – как есть он, слесарь

Это, согласимся, гораздо ближе к древнему *Memento Mori*, чем к психотерапии Маршака:

Вы, что умеете жить настоящим,
В смерть как бессмертные дети не верьте
Миг этот будет всегда предстоящим
Даже за час, за мгновенье до смерти.

Поступил в Строгановку. Обожание института быстро перешло в конфликт, который ознаменовал становление собственных эстетических позиций.

В зрелом возрасте люди обычно обращаются к философским текстам, чтобы приобщиться к знаниям, найти то что близко, к чему можно присоединиться умом и сердцем. И находят. И присоединяются. И живут с этим как с реальностью, «подлинной культурой».

Пригов, простившись с детством и юностью, обратился к философским книгам с другой целью. Он искал не «мир, который интересен», а язык, способ говорить и думать о реальном мире. Вот небольшой отрывок из книги «Портретная галерея Д.А.П.»[38]:

Шаповал: Вы методично двигались по эпохам, придерживаясь хронологического принципа, при этом вы руководствовались исключительно необходимостью прочесть как можно больше или все же что-то из прочитанного оказывалось более близким вам?

Пригов: Надо сказать, что я с одинаковым азартом читал и русских религиозных философов, и немцев, и греков. Это не было художественное чтение, где мне этот близок, а этот – нет. Все мне нравилось. Принцип «нравится – не нравится» начинает работать, когда ты становишься адептом какой-то конкретной философской системы и способа мышления. У меня был прикладной интерес: прочитанное я преломлял потом в некие общекультурные словесные формулы. Для меня это не было ни зоной борьбы с кем-то, ни зоной самоутверждения.

Шаповал: То есть вы стали активно заниматься, чтобы изощрить свой ум?

Пригов: Чтобы понять, что делается на белом свете.

[38] Д. Пригов, С. Шаповал. Портретная галерея Д.А.П., Москва, НЛО, 2003, стр. 70-71.

Шаповал: И это помогло понять?

Пригов: Конечно, помогло. Но не в качестве конкретных рецептов, а как бы организовало во мне способность некоего подхода, мышления, понятия масштаба рассмотрения предмета, понятия стратегии, тактики. Все это нехитрые способы скорее софистической риторики, чем конкретного построения собственной глобальной системы.

Чтобы понять, что делается на белом свете. Это эпиграф ко всему, что в жизни сделал Дмитрий Александрович.

Язык гуманитарной мысли, где Пригов действовал как аналитик и теоретик, и артистический язык, где он жил и работал как поэт и художник, представляют неразрывное целое. Мне доставляло колоссальное эстетическое наслаждение чувствовать, как основательность теоретических представлений Пригова воплощается в его артистической работе, вырастая из зоркой приверженности той «естественной мудрости, которая возглашает не в книгах, а на площадях, а голос ее о том, что живет она в вышних»[39].

[39] Почти дословная цитата из книги Николая Кузанского (Nicholas_of_Cusa, 1401-1464) «Простец о мудрости. Книга первая», Москва, Мысль, 1979, стр. 362.

10. Гуманитарная аксиоматика

В своих интервью, текстах об искусстве и окружающем мире Пригов особо выделял ключевые суждения, образующие основу его картины мира, базисные мысли, истинность которых принципиально личностная, то есть равносильна факту существования его самого, как личности. Эти суждения Пригов называл *аксиомами*. В отличие от математических, аксиомы Пригова существуют не в отвлеченно-научном, а в живом общедоступном гуманитарном языке. Поэтому я называю их *гуманитарными аксиомами*.

Рожденные под эгидой свободной воли человека, гуманитарные аксиомы всегда персональны. Аксиомы других людей Пригов публично характеризовал как приемлемые или неприемлемые *только для себя лично*. В своем текстовом театре он обнажает конфликты гуманитарных аксиом разных людей между собой. Но он категорически чужд обсуждению гуманитарных аксиом с *надличностных* (как говорят, «*объективных*») позиций в оценочных категориях типа «лучше-хуже» или «истина-ложь». В этом одна из гуманитарных аксиом его персональной этики.

Строя аксиоматику своих представлений об искусстве и языке, Пригов, как артист, не нуждался в посредниках между собой и миром. Но как мыслителю, ему нужен был удовлетворяющий его требованиям эффективный язык, который в обыденном общении с друзьями художниками, искусствоведами, культурологами, публикой, позволяет ясно, компактно и доходчиво объяснять свои позиции, преподносить представления об искусстве и мире как логичные, непротиворечивые, понятные окружающим следствия его собственной аксиоматики.

К созданию такого языка он приступил в середине 60-х, и в этом ему помогли классические философы. Их тексты он штудировал с 1967 по 1972 годы: прослеживал авторскую аксиоматику, смотрел, насколько с ней согласуется авторская мысль, выявлял противоречия, и на этих примерах учился излагать свои взгляды, опираясь на собственную аксиоматику.

Шаповал: Наверное, Гегель очень сильно повлиял на стилистику ваших предуведомлений. Ведь их можно прочитать сначала как абракадабру, а потом вчитываешься и понимаешь, что это действительно информационное говорение, там все правильно.

Пригов: Я думаю, что вообще этот тип письма – сложный грамматически, с большим количеством терминологии как бы научной и просто научной – идет от моего восприятия некоторой художественности и магичности всех этих сложных философских текстов.

Шаповал: Можно сказать, что вы читали эти тексты как натура художественная?

Пригов: Да, как гуманитарий. Я не стал особенно подробно вдаваться в гносеологию, в метафизику или эстетику. Эти тексты были для меня постижением возможностей переложить на грамматику обыденного языка сложность умопостроений. Конечно, когда читаешь, подпадаешь под обаяние мыслей, идей пишущего; если это становится главенствующим, то какую книгу ни прочтешь – она самая верная на данный момент. Тогда я и вывел для себя общую формулу строгого четкого мышления, четкого представления о том, что ты говоришь, зачем ты говоришь. Я понял, основное – *это правильный вывод из аксиоматики, все истинно в пределах своей аксиоматики* (курсив мой – СЧ). А вот если ты не точен в выводах, возникают всякие сложности, тоталитаризм и прочее. Например, Маркс был политэкономом, который в пределах своей аксиоматики вывел очень верную идею. Но когда он и его соратники попытались опрокинуть ее на исторический процесс и чуть ли не на метафизику, произошел выход за пределы аксиоматики, понадобилась новая аксиоматика, которую надо было заново оправдывать. Это был эйфорический период. Огромное количество книг… Я до сих пор удивляюсь, что утомился очень нескоро, ведь при таком количестве прочитанного и отсутствии функционального использования усталость могла наступить гораздо быстрее. Прочитанное умиротворяется некой функциональностью: мне нужна эта книга, мне для работы нужна цитата. А вот чтение некоего учебника жизни утомляет, там нет сюжета, романной формы и пр.

Шаповал: Вы долго поддерживали высокий темп познания, присутствовал ли в этом момент удовлетворения амбиций, ведь вы отставали от многих?

Пригов: Возможно, и присутствовал. Но очень быстро ушло, потому что трудно было реализовывать эти амбиции, никто из моего круга подобным не занимался. Люди, философски или филологически образованные, мне стали попадаться гораздо позже, когда этот азарт уже спал. В те времена моими собеседниками были люди в библиотеке, но, по моему подходу к жизни, это должны были быть полуподпольные, полуавангардные, полудиссидентские люди, а они, как правило, читали другую литературу: либо сугубо религиозную, либо художественную. Поэтому мне было трудно с ними меряться своей философской, культурологической мускулатурой. Те, кто читали аналогичную литературу, были из чужого мне академического круга, ведь в эту библиотеку было трудно попасть. Это в Ленинке в курилке легко можно было найти и собеседника, и близкого человека. А в Фундаментальной библиотеке мир был очень специфический.

Шаповал: В этом мире вы так и не свели никакого интересного знакомства?

Пригов: Нет. Там были какие-то люди, но они так и остались случайными.[40]

[40] Дмитрий Пригов, Сергей Шаповал. Портретная галерея Д.А.П. Москва, НЛО, стр. 72-73.

11. Четкое мышление: параллель с Аристотелем

Про Пригова что ни скажешь – все будет «часть слона». С этим чувством я и хочу проиллюстрировать на конкретном примере его слова, определяющие что такое «четкое мышление», процитированные выше (выделенные там курсивом).

> ***Пригов:*** *Все истинно в пределах своей аксиоматики. Правильный вывод из аксиоматики – это общая формула четкого мышления.*

Это критерий четкости мышления. Выдвигая его как путеводное начало в своем аналитическом языке, Пригов оказался в русле традиции, которую в античности заложили Парменид, Сократ, Платон, Аристотель и их последователи. Идеи, составившие эту традицию, оказавшиеся незаменимо полезными для жизни гуманитарного языка (независимо от его этнической принадлежности), получили наиболее полное воплощение в «Аналитике» Аристотеля[41].

Вот конкретный пример. Он показывает, как на практике критерий четкости мышления по Пригову

[41] «Аналитикой» Аристотель называл свои «Первую и Вторую Аналитики», где изложил учение о силлогизмах. «Логикой» учение о силлогизмах стали называть лишь спустя век после смерти Аристотеля.

связан с классической силлогистикой Аристотеля[42]. Конкретика примера заимствована у Леонарда Эйлера, который в знаменитых «Письмах к немецкой принцессе»[43], сохранив гуманитарную направленность силлогистики, освободил теорию силлогизмов от необязательных терминов и ассоциаций, возникших в Европе спустя полторы тысячи лет после смерти Аристотеля (эта направленность оказалась подавленной в версии силлогистики, принятой в современной математической логике[44]).

Пример

Рассмотрим четыре суждения **A, B, C, D** (Эйлер[45])

A. *Ни один добродетельный человек не клеветник.*

B. *Некоторые клеветники ученые.*

C. *Некоторые ученые не добродетельны.*

D. *Все ученые добродетельны.*

---

[42] Беседуя с учениками во время прогулок в Ликее, Аристотель, обнаружив нечеткость в мышлении ученика, объяснял ему, в чем конкретно она проявляется. Добившись взаимопонимания, он указывал варианты устранения нечеткости. Но, следуя своей этике, он оставлял волю ученика свободной в праве решать, устранять ли ему эту нечеткость, и если да, какой из вариантов выбрать. Осознавая надличностный характер истин, на которых базируется его «аналитика», он не утверждал власть надличностных суждений над личностными. Той же этике следует Пригов.

[43] Euler. Letters to a German Princess. Гуманитарному языку и логике Аристотеля посвящены письма 100-108 (C-CVIII), написанные с 7 февраля по 7 марта 1761 года.

[44] См. Ян Лукасевич (Jan Lukasiewicz, 1878-1956) «Аристотелевская силлогистика с точки зрения современной формальной логики», Москва, ИЛ, 1959 (Aristotle's Syllogistic From the Standpoint of Modern Formal Logic, Oxford University Press, 1957) а также Д. Гильберт и В. Аккерман «Основы теоретической логики», Москва 1947. Альтернативный подход (в сравнении с идеями Гильберта-Аккермана и Лукасевича), см. в кн. С.В. Чесноков «Феноменология диалогов в гештальт-теории, математике, логике» Москва, 2009, 2013 (в свободном доступе на сайте https://sergeichesnokov.wordpress.com/ в разделе «Тексты», см. пункт «4. НАУКА»).

[45] Эйлер, «Письма», письмо 105 (CV), от 24 февраля 1761 года.

Предположим, некие «Мистер **X**» и «Мистер **Y**» имеют противоположные мнения относительно истинности суждений **C** (*Некоторые ученые не добродетельны*) и **D** (*Все ученые добродетельны*):

Мнение мистера **X**:	**C** – ***истина***, **D** - ***ложь***
Мнение мистера **Y**:	**C** – ***ложь***, **D** - ***истина***

Вопрос (Пригов): кто из двух, «Мистер **X**» или «Мистер **Y**» мыслит четко, а кто нечетко, при условии, что оба считают истинными, т.е. принимают в качестве личных аксиом суждения **A** (*Ни один добродетельный человек не клеветник*) и **B** (*Некоторые клеветники ученые*)?

Ответ (по Пригову):

– Мышление мистера **X *четкое***, так как его мнение, что **C – *истина* (D – *ложь*)** есть строгое следствие аксиом **A, B**.

– Мышление мистера **Y**, ***нечеткое***, так как его мнение, что **C – *ложь* (D – *истина*)** противоречит аксиомам **A, B**.

Разумеется, чтобы поверить Пригову, необходимо доказать, что **C** есть следствие аксиом **A** и **B** (что автоматически означает ложность суждения **D**). Это легко сделать путем несложных рассуждений.

Но можно обратиться за помощью к Аристотелю. Среди 24-х истинных силлогизмов, образующих силлогистику Аристотеля, есть силлогизм «Если *некоторые b суть a* и *ни одно c не есть b*, то *некоторые a не суть c*». В нашем случае, *a – ученые*, *b – клеветники*, *c – добродетельные* и силлогизм выглядит так:

Если	A:	Ни один добродетельный (*c*) не клеветник (*b*)
	B:	Некоторые клеветники (*b*) ученые (*a*)
То	C:	Некоторые ученые (*a*) не добродетельны (*c*)

Это доказывает: Мистер **X** прав, его мышление ***четкое***, тогда как Мистер **Y** неправ, его мышление ***нечеткое***.

Замечание 1. Латинское название приведённого выше силлогизма ***Fresison***. Это название (вместе с названиями двадцати трех других истинных силлогизмов) ввел в европейскую культуру медик, философ и логик Петр Испанский (Peter of Spain, Petrus Hispanus, 1210-1277), последние два года жизни Папа Римский Иоанн XXI. Его фундаментальное руководство по логике «Summulae Logicales», после изобретения книгопечатания издавалось более 50 раз и было основным руководством по логике в школах (университетах) Западной Европы в течение минимум трех веков.

Замечание 2. Хочу еще раз подчеркнуть: суждения **A**, **B**, **C**, **D** личностные. Характеризуя их Мистер **X** и Мистер **Y** используют понятия истины и лжи тоже как исключительно личностные, гарантами оправданности которых в каждом конкретном случае выступают только они сами, как личности, обладающие суверенной свободной волей, присущей всем людям без исключения. Напротив, в теории силлогизмов Аристотеля понятия Истина и Ложь как характеристики отношений между личностными суждениями и гуманитарной аксиоматикой, принципиально *надличностные*. Гарантией правильности их применения выступает не личность Аристотеля, не его высокий авторитет в мировой культуре, а нечто большее: природа гуманитарного языка, обнаруженная Аристотелем и включенная им в глобальный язык цивилизации. Именно надличностный характер этих понятий делает эту теорию и выводы из нее неподвластными времени.

Замечание 3. Представления о четком (по критерию Пригова) мышлении поддерживали зарождение и развитие культуры мысли, без которой невозможны современные научные знания о мире. В позднем средневековье нормы четкого мышления и логика Аристотеля были основой регламента, в соответствии с которым проходили публичные академические «сражения на силлогизмах». Минимум пять веков (XIII-XVII) такие сражения были частью интеллектуальной жизни европейских университетов. Один из участников выдвигал тезис; оппонент предъявлял контртезис; арбитр следил за соблюдением регламента и фиксировал окончание поединка как победу одного и поражение другого.

Рассмотренный выше пример иллюстрирует лишь финал подобного поединка, когда победа Мистера **X** очевидна и должна быть признана арбитром. Но в начале, когда арбитр только-только объявил, что Мистер **X** защищает тезис **C** (*Некоторые ученые не добродетельны*) против Мистера **Y**, чей контртезис **D** (*Все ученые добродетельны*), ещё неизвестно, кто победит. Один из способов добиться победы состоит в том, чтобы сформулировать гуманитарные аксиомы, которые оба «дуэлянта» признают общими, из которых однозначно следует победа одного и поражение другого. Путь к этой цели может быть весьма долгим. Но как только один из них, в данном случае Мистер **X**, подвел Мистера **Y** к тому, что тот принял справедливость гуманитарных аксиом **A**, **B**, поединок закончился. Мистер **X** предъявил оппоненту и окружающей публике силлогизм ***Fresison*** и его победа стала очевидной: её признал арбитр.

Хочу отметить важную особенность роли, которую логика Аристотеля играет в подобных «сражениях»: надличностные истины логики Аристотеля оставляют волю участников свободной. Мистер **Y** проиграл. Но замечательное свойство классической силлогистики состоит в том, что, соглашаясь с арбитром, Мистер **Y** не обязан сдаваться. У него есть возможность пересмотреть справедливость суждений **A**, **B**. Он также вправе подвергнуть сомнению личностный смысл понятий «добродетельный», «клеветник», «ученый». Вариантов много.

Классическая силлогистика единственный в своем роде вид логики, который входит в культуру гуманитарного языка на началах взаимополезного сотрудничества между личностными и надличностными истинами в сознании людей. Сотрудничества, не нарушающего свободную волю кого бы то ни было, и не подавляющего гуманитарные начала. Не случайно Пригов, будучи безусловным новатором, оказался в русле этой древнейшей традиции.

12. Миф текста

«Миф текста» это убежденность, что высказывание «Смысл текста находится в тексте» следует понимать буквально. Этот миф закреплен в языке как реальность, не будучи реальностью.

В интервью Андрею Зорину Пригов комментирует реакцию искусствоведов, культурологов, литературных критиков на избранный им тип эстетики, художнического поведения:

Зорин. *А когда, скажем, о вас рассуждают, пишут сейчас о вас много – какое у вас рождается чувство: интересно, раздражает, приятно?*

Пригов. Вы понимаете, мне было бы интересно, если бы кто-то точно выявил суть этой эстетики, этого художнического поведения, и причем не только моего, а вообще архетип такого поведения. Мне в этом отношении даже не обязательно, чтобы это было про меня написано. А упоминание своей фамилии… У меня есть несколько «фобий». Скажем, почта. Вот я открываю ящик и не жду ничего хорошего, но всегда жду каких-то неприятностей от писем. Точно так же не люблю телефонные звонки. Не знаю, почему. Никогда в жизни мне телефонные звонки ничего плохого не приносили, а все же… И точно так же своя фамилия в чужом тексте: первая реакция какая-то испуганно-неприятная.[46]

Суть эстетики и художнического поведения Пригова – это интересная тема. Но даже собрать воедино составляющие этой темы – задача трудная. Нужно преодолеть множество фундаментальных культурных мифов, касающихся природы языка. В том числе миф текста.

Поразительна по трезвости мысль Сократа (как передает Платон) о роли письменности для людей, он высказал её ученику Федру в виде истории о диалоге между изобретателем письменности богом Тевтом и египетским царем Тамусом. Когда Тевт сказал, что изобрел письменность как средство «сделать людей более памятливыми и мудрыми», Тамус заметил: «Искуснейший Тевт, … ты, отец письмен, из любви к ним придал им прямо противоположное значение. В души научившихся им они вселят забывчивость, так как будет лишена упражнений память: припоминать станут извне, доверяясь письму, по *посторонним знакам* (курсив мой СЧ), а не изнутри, сами собой. Ты даешь ученикам мнимую, а не истинную мудрость. Они у тебя будут многое знать понаслышке, без обучения, и будут казаться многознающими, оставаясь в большинстве невеждами, людьми трудными для общения; они станут мнимомудрыми вместо мудрых»[47].

Текст — «посторонние знаки», графические образы. Попросту говоря – буквы (в языках с алфавитом). А если совсем точно, говоря языком современной науки, комбинации квантов света, воспринимаемые глазной сетчаткой. Это – сугубая реальность. «Средством для припоминания» текст становится только благодаря *другой* реальности, которой нет в тексте. Эта реальность, в

---

[46] «Подобранный Пригов», Москва РГГУ, стр. 247.

[47] Платон, Федр, 274 (b, c, d, e)-275(a, b).

свою очередь, представляет собой огромный корпус конвенций, которыми сообща владеют автор текста и читатель. Все, что переходит из сознания автора в текст и из текста в сознание читателя, обязано этим конвенциям и проявлениям суверенной воли автора и читателя.

Текст — это всегда триада «автор - текст - читатель». С этой точки зрения миф текста, заключенный в обиходных оборотах вроде «в этой книге написано о том-то» — это социокультурная фикция. Удобная, привычная? - Бесспорно. Но и опасная. Сакрализация текста как авторитетного носителя априорных «высших истин» оправдывает самые мощные и страшные для жизни людей формы тоталитарной власти, - государственной, религиозной, культурной. Особенно отличился этим двадцатый век, в котором институты тоталитарной власти взяли на вооружение суперсовременные коммуникативные технологии создания параллельной реальности, заместившей то, что по старинке принято называть словом «ложь»[1].

Говорить об этом на языке науки можно, и даже, видимо, нужно, но, как сказал Пригов, «выходит занятная скука». Язык науки требует специальной организации ума. Большинству людей он чужд еще и потому, что беден по природе. Из тех, кто исследует природу гуманитарного языка, ближе всех к реальности английские и американские этнометодологи. Но их язык также весь в границах научного дискурса. Вот почему у Пригова после слов «выходит занятная скука» следует четверостишие:

Вот здесь бы поверху науки
Искусству и карты бы в руки
Да слишком тяжелые штуки
Ложатся на нежные руки.

«Штуки» и правда невероятно тяжелые. Преодоление их в живом гуманитарном языке - один из главных мотивов по которым Пригов сформировал и воплотил в жизнь свой уникальный тип художественного поведения. Одна из его составляющих – языковые средства, обнажающие и обезвреживающие миф текста.

То, что смысл любого текста существует лишь в сознании читателей (зрителей) и зависит от контекстов, в которых этот текст входит в сознание как предмет среди других предметов, для Пригова аксиома. Контексты определяют способы прочтения текста в глазах читателей (зрителей). В качестве одной из базисных концепций это было исчерпывающе обозначено, обсуждено, прокомментировано еще на семинарах концептуалистов периода конца 70-х - первой половины 80-х. Пригов об этом говорил не раз. Все это хорошо известно. Но одно дело провозглашать, другое – воплощать в работе. Приговская техника работы с контекстами, развитая и воплощенная в художническом поведении, беспрецедентна.

Вот конкретный пример: «Книга о счастье в стихах и диалогах», Пригов подарил мне ее в 1985-м. Фабула – пушкинское «На свете счастья нет, но есть покой и воля» с двух точек зрения: как текст и как миф текста. Конфликт между этими двумя точками зрения – основа драматической коллизии.

Обнажая некую проблемную ситуацию, Пригов-художник, замечу, никогда не заимствует способы представлять мир, которыми пользуется Пригов-аналитик. Никогда. Это принцип. Не формулирует идею в понятиях и приемах изложения, характерных для научного дискурса. Ему претит сатира, ирония, разоблачение кого бы то ни было. Он категорически отвергает для себя роль представителя истины, правды. Вместо этого он предъявляет читателю полифонически выстроенное многоголосие ассоциаций, вызывающих у читателя (зрителя) полную картину текста. В данном случае – текста «Книги о счастье в стихах и диалогах».

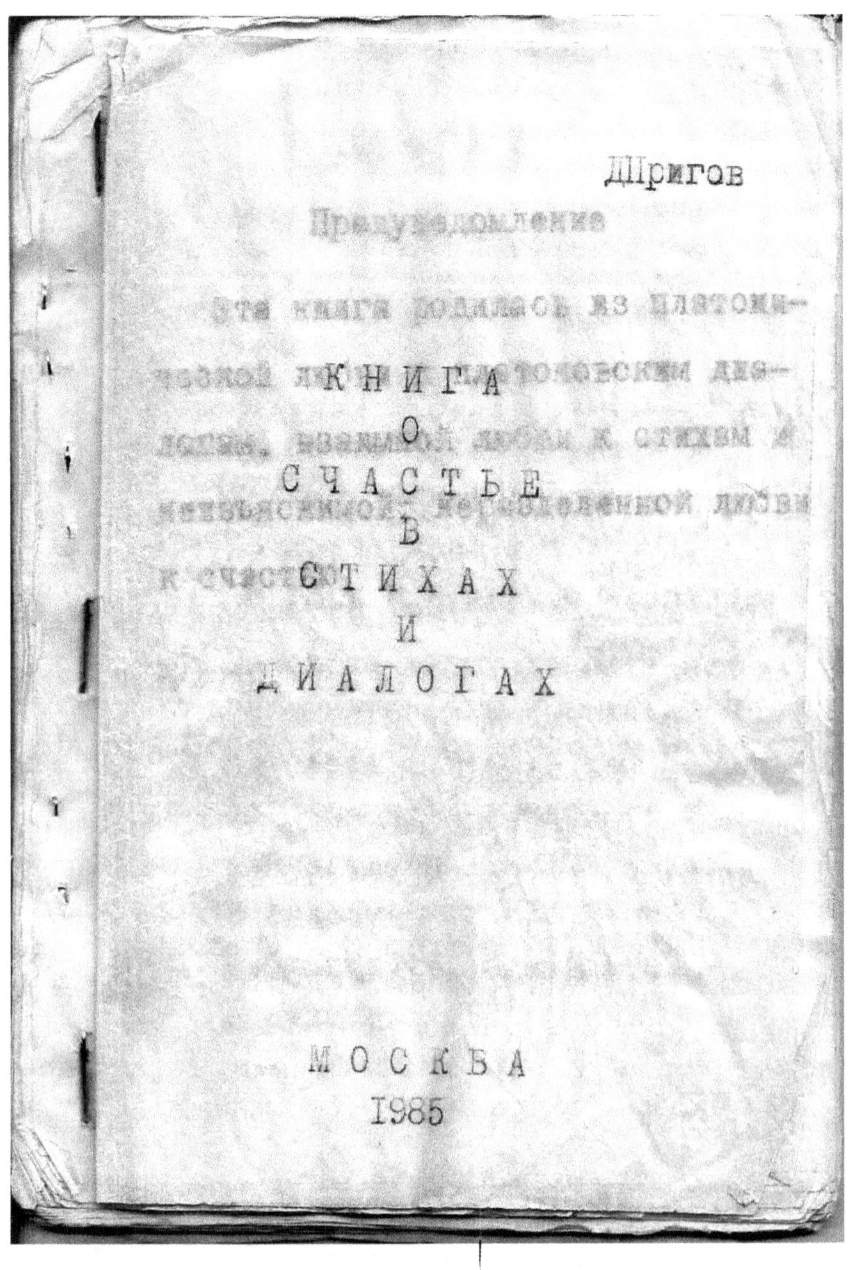

Д.Пригов

КНИГА
О
СЧАСТЬЕ
В
СТИХАХ
И
ДИАЛОГАХ

МОСКВА
1985

Безличные идеи и понятия, из тех, что переполняют русский язык, превращаются у него в персонажей, которые играют свои роли, живут своей жизнью. В обликах «мини-Приговых», рожденных «большим Приговым», они готовы высвободиться, представляя речь своего родителя, как только тот выпустит их на волю вместе с неограниченным количеством других «детей - персонажей» Пригова. Это не «дробление личности». Это единственный в своем роде способ остаться самим собой в своих представлениях о мире, не нарушая ничьей свободной воли, оставляя свободными всех, включая своих недоброжелателей. Требовалась особая мобилизация душевных сил в условиях тотального одиночества среди огромного числа людей. Он прошел по этому пути до конца.

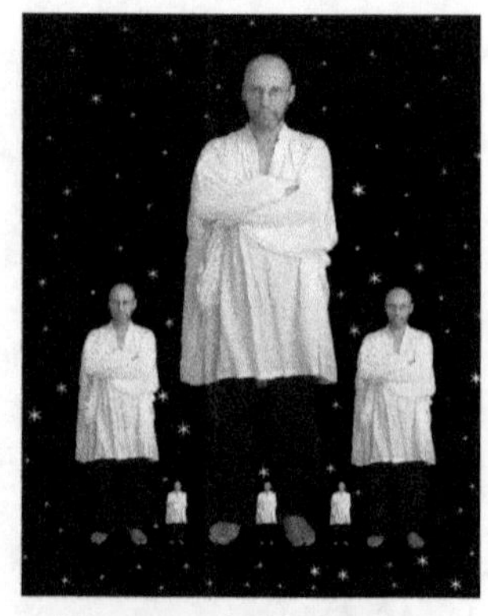

«Персонажи Пригова» - фото коллаж Д. Пригова

Далее шесть фрагментов «Книги о счастье в стихах и диалогах». Тема – конфликт между реальностью текста и «мифом текста». Участники: Пригов, Достоевский, Сталин, Пушкин. Тема раскрыта в шести диалогах: 1) Достоевский-Пригов; 2) Сталин-Пригов; 3) Пушкин-Пригов; 4) Сталин-Пригов; 5) Сталин-Пригов; 6) Пригов-Пригов. Контекст, в котором даны диалоги, содержит 29 стихотворений. Из них приведены 19 (стихотворения «до» и «после» каждого из диалогов). В прямоугольных скобках курсивом мой технический комментарий. Три звёздочки разделяют стихотворения, следующие друг за другом. Пунктуация Пригова.

Предуведомление

Эта книга родилась из платонической любви к платоновским диалогам, взаимной любви к стихам и неизъяснимой, неразделенной любви к счастью.

На свете счастья нет
Но есть покой и воля
На свете воли нет
Но есть осознанная необходимость
На свете необходимости нет
Но строгость и смиренье
На свете смиренья нет
Но благодать и радость
И благодать
И радость
И благодать, благодать
И радость

Диалог № 1

Достоевский Что есть счастье?
Пригов Что есть счастье?
Достоевский Возьмем ребенка
Пригов Возьмем ребенка
Достоевский Младенца
Пригов Младенца
Достоевский Возьмем ребенка
Пригов Возьмем ребенка
Достоевский Возьмем кровинку его
Пригов Возьмем кровинку
Достоевский Кровинку
Пригов Кровинку
Достоевский Что кровинку?
Пригов Что кровинку?
Достоевский Что ты говоришь «кровинку»?
Пригов А что я говорю «кровинку»?
Достоевский Ведь кровинка же!
Пригов Кровинка!
Достоевский Что она значит
для тебя – кровинка!
Пригов Что значит кровинка?
Достоевский Ничего не значит
Пригов Ничего не значит
Достоевский Вот то-то и оно

[*сразу после Диалога № 1*]

Вон там цветочек
вон там корыто
Вон там качалка
а там зарыто
Что-то –
Наверно, трупик
Вот такой-вот дворик

[*3 стихотворения перед Диалогом № 2*]

Вон там вот кухня
Вон там вот ванна
Какая кухня? Какая ванна?
А просто кухня и просто ванна
А что под ванной так
пахнет странно
А трупик, наверно, залежался

***

Вон там мужик, блядь,
вон там, блядь, баба
Вон там вот власть, блядь
вон там, блядь, слава
А там и вовсе что просто блядь
А там, блядь, вовсе что не
видать
Что -
Трупик, наверное

***

Вот это Булатов
а это Кабаков
Вот это Некрасов
А это Чуйков
А это – что-то скрывают, или
Что-то, наверно, зарыли
Трупик, наверно

Диалог № 2

Сталин	На свете счастья нет.
Пригов	А Достоевский говорил…
Сталин	Что Достоевский говорил?
Пригов	Про кровинку ребенка
Сталин	А что есть Достоевский?
Пригов	Что есть Достоевский?
Сталин	Он есть одиннадцать букв
Пригов	Одиннадцать букв
Сталин	А что будет, если отнять одну букву?
Пригов	Что будет?
Сталин	Будет Остоевский
Пригов	Остоевский
Сталин	А что будет, если отнять еще три буквы?
Пригов	Что будет?
Сталин	Будет Оевский
Пригов	Оевский
Сталин	А что будет если отнять еще три буквы?
Пригов	Что будет?
Сталин	Будет Ский
Пригов	Ский
Сталин	А еще три буквы?
Пригов	Еще три буквы?
Сталин	Будет Й
Пригов	Й
Сталин	А если еще одну?
Пригов	Еще одну?
Сталин	Ничего не будет
Пригов	Ничего не будет!
Сталин	Ничего не будет!
Пригов	Ничего не будет!
Сталин	И никаких кровинок

[*сразу после Диалога № 2*]

Вон там вот радость
вон там вот счастье
Вон там вот гадость
вон там несчастье
Вон там вот тайное
вон там последнее
А вон там вот чего-то среднее –
Трупик, наверное

[*Непосредственно перед Диалогом № 3*]

Низкоросла деревенька
Тиха-тиха как мертвенька
И убога и беленька
Белым снегом занесенька
Как бы даже и хаос
Но как пристальный даос
Снег на крышеньке сидит
Словно кошенька глядит
Внимательно

***

Вон там вот сцена
Вон там кулисы
Вон там вот пьеса
Вон там актрисы
Актрисочки
Премиленькие
Вон Дядя Ваня,
Раневская-Лопахин
А вон там вот чего-то пахнет
Трупик, наверное
Царя Бориски

***

Вон там вот Пушкин
там Достоевский
Вот там вот Горький
там Маяковский
Вон там вот Цезарь
вон там Чапаев
Вон там вот Пригов –
а что копает? -
Трупик наверное, откапывает
Наш общий

Диалог № 3

Пушкин На свете счастья нет.
Пригов А что есть?
Пушкин Есть покой и воля.
Пригов А как же младенец?
Пушкин Какой младенец?
Пригов Просто, младенец
Пушкин И у него своя воля
Пригов А как же кровинка?
Пушкин Какая кровинка?
Пригов Его кровинка
Пушкин И у нее своя воля
Пригов А как же кинжал?
Пушкин И у него своя воля
Пригов А что же мне делать?
Пушкин И у тебя своя воля
Пригов А если я не хочу?
Пушкин Тогда есть покой
Пригов А если нет мне покоя?
Пушкин На то твоя воля

[*сразу после Диалога № 3*]
Ветер, словно серебряной краской
Тонко кроет изнанку листа
И летит и летит залихвастый
Сквозь худые прорехи куста
Сразу же на меня натыкаясь
И смутившись весьма оттого
Я смотрю, я смотрю на него
И на куст, и на жизнь как китаец
Древний

[*в оригинале после этого следует Диалог №4*]

Диалог № 4

Сталин	На свете счастья нет.
Пригов	Это Пушкин сказал
Сталин	А что еще Пушкин сказал?
Пригов	Что есть покой и воля
Сталин	Воля?
Пригов	Воля
Сталин	А что он есть – Пушкин?
Пригов	Что он есть?
Сталин	Он есть шесть букв
Пригов	Шесть букв
Сталин	А что будет, если отнять одну букву?
Пригов	Что будет?
Сталин	Будет Ушкин
Пригов	Будет Ушкин
Сталин	А что будет, если отнять еще одну?
Пригов	Что будет?
Сталин	Будет Шкин
Пригов	Будет Шкин
Сталин	А если отнять еще одну?
Пригов	Еще одну?
Сталин	Будет Кин
Пригов	Будет Кин
Сталин	А еще одну?
Пригов	Еще одну?
Сталин	Будет Ин.
Пригов	Будет Ин.
Сталин	Еще одну
Пригов	Еще одну
Сталин	Будет Н
Пригов	Будет Н
Сталин	А еще одну букву?
Пригов	Еще одну букву
Сталин	Ничего не будет
Пригов	Ничего не будет
Сталин	И никакой там воли

[*сразу после Диалога № 4*]

На свете жизни нет
Но есть как бы такое
На свете такого нет
Но есть как бы другое
На свете другого нет
Но есть как бы вот это
Вот это!
Вот это!
Вот это!

***

Вон там хозяйство
Там экономика
Там эффекктивность
Там рейганомика
Вон там вот доллар
А там вот рублик
А там зарыт вот какой-то
трупик
Безхозный

[*непосредственно перед Диалогом № 5*]

На свете смерти нет –
Злодейства и убийства
На свете убийствов нет
Но прощанье и забвенье
На свете забвенья нет
Но метапсихоз и память
Память, память!
Вечная память
Ему
Аминь!

***

Вот это гробик,
вот это трупик
Вот это трупик,
вот это гробик
А там в сторонке
что там такое?
А там зарыто все остальное

Диалог № 5

Сталин На свете счастья нет.
Пригов Счастья нет
Сталин А что есть?
Пригов А что есть?
Сталин Сталин есть
Пригов Сталин есть
Сталин А что есть Сталин?
Пригов Что есть?
Сталин Сталин – наша слава боевая
Пригов Слава боевая
Сталин Сталин – нашей юности полет
Пригов Юности полет
Сталин С песнями борясь и побеждая
Пригов Побеждая
Сталин Наш народ за Сталиным идет
Пригов За Сталиным идет
Сталин А что еще есть Сталин?
Пригов Что еще?
Сталин Три великих принципа
Пригов Три великих принципа
Сталин А что еще есть Сталин?
Пригов Что еще?
Сталин Пять великих смыслов!
Пригов Пять великих смыслов
Сталин Шесть великих букв!
Пригов А что будет, если отнять одну букву?
Сталин Что будет?
Пригов Будет Талин
Талин Талин
Пригов А если отнять еще одну?
Талин Еще одну?
Пригов Будет Алин
Алин Алин
Пригов А если отнять еще одну?
Алин Еще одну
Пригов Будет Лин
Лин Лин
Пригов А еще одну?
Лин Еще одну
Пригов Будет Ин
Ин Ин
Пригов А еще одну?
Ин Еще одну
Пригов Будет Н
Н Н
Пригов А еще одну?

[*все стихотворения между диалогами №№ 5 и 6*]

Полетели, полетели
Толи эти, эти те ли
Те в отлив, а эти в теле
В лифте, в лифте, как тефтели
Фиолетовые тени
Вечер вводит в стойло дня
Господи, ведь у меня
И слов-то нету
Веди, веди меня
На край свету

***

На свете воли нет
Но есть покой и счастье
На свете счастья нет
Но есть покой и воля
На свете воли нет
Есть счастье и покой
На свете покоя нет
Но есть покой и воля
На свете воли нет
Но счастье есть и воля
К счастью

***

На свете ничего нет
Чего нет — того уж нет
На свете и этого нет
Чего нет — того уж нет
Но на свете это вот и есть
Раз есть, значит, есть
На свете только это и есть
Господи, значит есть!
Оно есть! Есть! Есть!
Есть, Господи!
Оно, оно самое
Оно самое и есть
То, что есть!

***

Чесучою суча облаками
Над местами родных деревень
Разгорается бледное пламя
И на небо уносит плетень
Опростав меловые просторы
Одесную себя Креатора
Усаживая

***

Изнежен словно песнь Лауры
Как лавра лист, как луч
Авроры
Но и стремительн как бег
каурой
Но и могуч как залп Авроры
Руками разгребая Зимний
Глядит – повсюду долгий
зимний
такой долгий, долгий и
зимний
и зимний, зимний, долгий
зимний
матовый, такой
зимний
долгий и матовый
и зимний

Пейзаж

Диалог № 6

Пригов Что есть счастье?
Пригов А что есть счастье?
Пригов А что есть несчастье?
Пригов Что есть несчастье?
Пригов В чем же их различие?
Пригов А в том, что когда есть
счастье, нет несчастья
Пригов А в чем их сходство
Пригов А в том, что когда есть
несчастье, есть и счастье
Пригов А что есть еще?
Пригов Все остальное
Пригов А в чем сходство всего
остального с ними
Пригов А в том, что все остальное
есть либо счастье либо несчастье
Пригов А в чем отличие?
Пригов А тем, что будучи порождены им,
они уходят от него
Пригов А куда же они уходят?
Пригов А уходят ко мне
Пригов Как это?
Пригов А вот уже и пришли

Диалог № 6 завершает «Книгу о счастье в стихах и диалогах». Вне процитированных фрагментов остались 10 стихотворений. Они расширяют контекст, в котором Пригов раскрывает центральную тему «счастья» и «свободной воли». Но прием с буквами слов «Пушкин», «Достоевский», «Сталин» в диалогах раскрывает параллельную тему: миф текста, соединенный с властью, опасен для людей, независимо от того, идет ли речь о власти «высокой культуры», как в диалоге с Достоевским, где миф текста оборачивается бессилием ума, или о власти современной диктатуры, как в диалогах со Сталиным, где тот же миф оборачивается миллионами трупов.

Однажды Пригов позвонил, предложил пойти с ним послушать ленинградского поэта Елену Шварц в одной московской квартире. По дороге случилась длинная вынужденная остановка поезда в туннеле метро. Минут двадцать. Опаздывали, но сделать ничего не могли. Сидели, говорили о стихах. «Недавно был в Питере, – сказал он, – читал на квартире. Одна известная поэтесса мне говорит: 'Я заклинаю вас от имени мертвых, сейчас же перестаньте писать стихи!'. Так и сказала: от имени мертвых!». Я спросил, почему? В чем дело? Он пояснил: «Вы же, Сергей Валерианович, воспринимаете в моих стихах смысл и как он выражен. А большинство ищут близкую эстетику». Вскоре появился стих, который в моем сознании тут же соединился с этим эпизодом:

Пригов: Солнце золотым платком
Машет с неба голубого
А после голубым платком
Уже с неба золотого
После машет красными
Среди неба красного
Как же вас, прекрасные
Посреди прекрасного
Различить-то
Запутаешься с вами,
прекрасными

13. Московский концептуализм: оптика Пригова

В социокультурном плане сообщество художников под названием «московский концептуализм» на рубеже 70-х - 80-х объединило людей, явивших разные типы художественного поведения вне доминирующих культурных стереотипов. Само словосочетание «московский концептуализм», играя роль интегрирующего символа, в сущностном плане понималось участниками сообщества по-разному, спектр трактовок был широк и включал несводимые одна к другой эстетические и смысловые позиции. Это и стало причиной практически мгновенного распада сообщества после аукциона Сотбис-88.

Пригов: ... Как всегда, чистое направление существует только как некая эвристическая идея, не больше. Но те, кто был затронут проблемой языков в семиотическом смысле, объединились. В пределах более растянутого времени, реального развития каких-то стилей и реакций, рефлексии, может быть это были люди, не сводимые в один круг и принадлежавшие к разным школам. Но поскольку по всем своим дифференцирующим признакам они были настолько далеки от всего окружения, то и определялись как представители московской концептуальной школы. В нее, однако, в то время входили, например, и Франциско Инфанте, художник, который скорее кинетист, и чистые концептуалисты, и люди, склонные к живописи…[48]

Специфика московского концептуального направления как ее развивал в своей теории культуры и артистическом творчестве Пригов по части взаимоотношения вещи и языка описания, драматургия триады автор-текст-читатель, возвращают современную культуру на новом витке цивилизации к гуманитарной трезвости в отношении природы письменных текстов, которую демонстрировала классическая культура древней Греции жизнью и творчеством, в частности, Платона и Аристотеля.

Шаповал: Могли бы вы как зачинатель и классик концептуализма объяснить, что это такое?

Пригов: Ясно, что это слово пришло с Запада, и есть опасность спутать советско-русско-московский концептуализм с западным. Это две разные вещи по той причине, что концептуализм там возник прежде всего как реакция на поп-арт (это по имманентной линии развития искусства).

… Вторая основная проблема – это, конечно, взаимодействие вещи и языка описания и проблема возможности личного высказывания. Когда концептуализм пришел на нашу почву, оказалось, что у нас нет драматургического взаимоотношения вещи и языка описания. У нас уровень вещи и ее качественности заменен пафосностью номинации, т.е. оказалось, что у нас отсутствует возможность концептуализма. Но в то же время акцентация на языке описания, которую делал концептуализм, порождала иллюзию, что номинация – это уже и есть концептуализм. На самом деле местный концептуализм создавал другую драматургию: выстраивание языка над номинациями и игра, иллюзия

[48] Д. Пригов, С. Шаповал «Портретная галерея Д.А.П.», Москва, НЛО, 2003, стр. 12.

> восприятия номинации как предмета. Вот все эти построения и были задачей, драматургией жизни московского концептуального направления с разными вариациями. <…> … концептуализм в его московском варианте предполагал некое постулирование и акцентированное авторское поведение. Это прежде всего не текст, а разыгрывание пространства жития текста и некая заранее предполагаемая драматургия текста, читателя и автора.[49]

Трактовка московского концептуализма Приговым это его авторский шаг в личностном утверждении новой парадигмы языка как «языка без берегов». Парадигмы, в рамках которой миф текста упразднен, какой-либо ореол сакральности любого текста, будучи не более чем конвенциональным проявлением свободной воли конкретных (пусть и неизвестных) людей упразднен, а сам текст воспринимается лишь в качестве функционально необходимого посредника между людьми, авторами и читателями (интерпретаторами) текста, которые представляют главные действующие начала в языке. Иными словами, текст превращается в то, чем был всегда в истории цивилизации с тех пор как появилась письменность.

Лев Рубинштейн заметил, что на вопрос «Какова профессия Пригова?» единственный исчерпывающий ответ – Пригов[50]. Многоплановые процессы, формирующие исподволь культуру, сменяют друг друга медленнее, чем поколения художников и зрителей. Ощущая «нерв» этих процессов, Пригов выражал их в понятных, четких аналитических констатациях, комментариях и в осознанно выстроенных, допускающих многоплановую трактовку артистических действиях.

---

[49] Там же, стр. 11-12.

[50] Лев Рубинштейн «Профессия: Пригов» в кн. Подобранный Пригов, Москва РГГУ, стр. 230-232.

Неудивительно, что в каждом новом поколении художников и зрителей всегда были заметны те, кто видел в Пригове, во всех его многочисленных амплуа артиста, поэта и аналитика, представителя настоящего времени, современника.

14. Ментальность и стилевое поведение

Художники, искусствоведы, критики, историки культуры, музейные работники и артдилеры, взаимодействуя между собой создают чрезвычайно многоплановые смысловые поля, которые порождаются течениями и артистическими событиями в современном искусстве. Здесь я обращаю внимание на то, как эти смысловые поля формируют сами художники. Пригов в этом плане уникален: по отношению к своему артистическому поведению в амплуа художника и поэта, он сам себе искусствовед и культуролог. В одном из многочисленных интервью он объяснил, почему вынужден быть таким, в ответе на прямой вопрос: «Кто, по-вашему, интересно, адекватно или хотя бы любопытно пишет о вас…?»

> ***Пригов*** (*очень серьезно* – ремарка интервьюера, СЧ)**:** Пожалуй, я сам. … А вообще, кого я читал и смотрел, их немного. Потому что, как правило, пишут с несколько иных позиций, которые меня просто не интересуют. Пожалуй, троих я могу отметить. Андрей Зорин, Курицин и Бавильский. Есть еще иноземцы – Георг Витте, Сабина Хенсген, Игорь Смирнов, Хансен Леве, Сильвия Бурини. Мне, в общем, их интересно читать. Есть еще целая группа аспирантов в университете Констанца. Они слависты, занимаются такой коллективной

деятельностью, чего-то издают, комментируют. … Дело в том, что у немцев доминирует дескриптивная манера, там претензий предьявлять невозможно. Кто-то пишет статью о позиции графомана – такие вот узкие области, чего тут придираться. Но общим описанием типа поведения никто не занимался, за исключением небольших замечаний у Гройса. Хотя у него своя проблема, он не рассматривает глобальных таких стратегем художественного поведения. У него скорее, основная тема – власть и художник и тому подобное. Я думаю, я сам лучше всего себя описал. … Да-да-да. (*тихо в сторону* – ремарка интервьюера, СЧ) Нет, не понимают, не понимают. Ну, в каком смысле «не понимают»? Пишут, в основном, за редким исключением, о текстах. Хуже, лучше. О каких-то масках, о проблемах соц-арта. Но то глобальное, что, собственно, меня интересует, это все воспринимается либо как выдумка, либо как фантом, либо как феномен, который только я могу обозначить, и он вообще никак не улавливается. Это мои личные, так сказать, фантазии, мании, фобии – что угодно.[51]

По отношению к своему творчеству Пригов, бесспорно, самый адекватный культуролог и аналитик. В амплуа поэта и художника он следует стилевому поведению, радикально отличному от популярного в русской культуре стремления «в единое слово влить всю тоску и печаль»[52]. В амплуа философа, культуролога, аналитика его ментальность радикально отлична от стремления к надчеловеческой Истине, которая «объясняет все». Его кредо – любой текст есть поведение человека. В частности, его собственные тексты – это тоже прежде всего его собственное поведение в отношениях с людьми и своей земной жизнью.

Понятия «ментальность» и «стилевое поведение» в связи с типами и стратегиями поведения художников, в том виде,

[51] И. Балабанова. Говорит Дмитрий Александрович Пригов. NON FICTION, О.Г.И. Москва, 2001, стр. 100-101.
[52] Романс Чайковского «Хотел бы в единое слово» на стихи Льва Мея (авторизованный перевод из Гейне).

как ими пользуется Пригов в своих аналитических построениях, точны и легко верифицируемы. Будучи к тому же оценочно нейтральными, они удобны для вразумительного обсуждения глобальных процессов в современном искусстве. Вот примеры:

Пригов: Теперь (*интервью датировано 18 марта 1992 – СЧ*) очень трудно понять, какая будет следующая драматургия, двигающая искусство на достаточно длинный период. Принцип авангардного искусства, тип и стратегия поведения и явления обществу авангардного художника длится с начала века и буквально до последних дней.

Потом ведь понятия друг друга, как правило, перекрывают. Постмодернизм сейчас выступает как менталитет, а концептуализм как стилевое поведение. В свое время концептуализм был скорее менталитетом, нежели стилем, он объединял людей по менталитету. В начале 70-х годов возникло то, что называли либо соц-артом, либо концептуализмом, они пересекались. Скажем, соц-арт был бы ближе к поп-арту, если бы в нем была сильна предметная сторона. Но соц-арт работал с идеологиями и языком. При большей акцентации вербально-мифологического это становится ближе к концептуализму, при большей насыщенности предметной, кичевой зоны это становится поп-артом. В какой-то мере пересекаются московская концептуальная школа и соц-артистская. [53] … NN[54] появился гораздо позже. Когда он пришел ко мне, он писал совсем иначе. Я так понимаю, что под моим, так и Рубинштейна влиянием он достаточно резко переменился. В его поэтику вошло не концептуальное, соц-артистское сознание. Концептуальное сознание более жестовое и требующее созерцательно-

[53] Д. Пригов, С. Шаповал «Портретная галерея Д.А.П.», Москва, НЛО, 2003, стр. 14.

[54] NN - известный в современной России поэт. Пригов его называет. Я обозначаю его как NN, поскольку акцент исключительно на сути того, о чем говорит Пригов.

конструктивного менталитета, а не текстового. Он человек все-таки другой формации, это, конечно, не концептуализм и даже не постмодернизм, хотя сейчас уже не имеет смысла определять стилистически, потому что *все эти стилистические определения мертвы* (курсив мой – СЧ). <…>

Шаповал: …Вы в свое время потрудились над созданием такого явления как «Дмитрий Александрович Пригов», которое теперь превращается в стереотип, позволяющий быстро дать исчерпывающую оценку вашему творчеству по принципу: а, Пригов, ну как же, знаю… Вас это не смущает?

Пригов: …В предыдущей ситуации Россия была задана эдаким слоеным пирогом, где все, что возникло, длилось вечно. Там был пушкинский слой, блоковский, какой угодно. Ты просто настраивался на него, подпадал в него и включался. Постепенно этот пирог наслаивался. Только с концептуализмом возник менталитет не текстовый, а операциональный, когда представители литературы не надстраивали новый стилистический слой, а явили динамическую модель. Для них все эти слои стали персонажами. Это могло быть принято в виде коллажа, но коллаж не как материальный текст, а как менталитет, поведенческий коллаж.[55]

[55] Д. Пригов, С. Шаповал «Портретная галерея Д.А.П.», стр. 15, 16.

15. Концептуализм и свобода

В концептуализме Пригов видит шаг к освобождению гуманитарной культуры от власти тоталитарных идей, утверждаемых как от имени «государства», «народа», «всевышнего», так и от имени «великой науки» или «высокой культуры».

Пригов: … Концептуализм явил свободу человека в оценке всех тотальных идей, он прежде всего сказал, что любой тоталитаризм, пытающийся представить себя в качестве небесной истины, в общем-то есть условный тип человеческой договорности, говорения и пр. В этом отношении концептуализм демонстрирует свободу выбора и осмысленность поведения. Свобода, конечно же, опасна. Как говорил Достоевский, быть несвободным гораздо легче. Но это не отнимает у человечества задачу пытаться понять, что есть свобода со всеми ее опасностями. Отыскивать в свободе только сопряженные с ней опасности значит ставить ее в нечеловеческий ряд, потому что всякая человеческая деятельность связана со всякого рода опасностями. Я думаю, непонимание этого свидетельствует о местном выборе в пользу рабства.

Шаповал: То есть вы считаете, что шансов на развитие свободы у нас нет?

Пригов: Исторический опыт свидетельствует, что метафизический страх перед свободой здесь гораздо сильнее всего прочего. Все указывает на то, что свободу в ее спокойном, чистом и прохладном виде люди не приемлют. Те, кто являются специалистами в исследовании свободы, ее проводниками, не имеют уважения и расцениваются как самые опасные люди. Те же, кто проповедует самые узкие и «спасительные» тоталитарные идеи, всегда в чести как люди, обладающие истиной (*оба типа людей суть прототипы «чудищ» Пригова* – ***СЧ***). Я думаю, пока нет шансов на выживание свободы. Весь политический истеблишмент масскультурно воспитан на русской литературе и идеологии, связывающих ценность человека с подчинением общему делу. Деятели культуры не привыкли к свободе в том отношении, что не имеют привычку голодать и заниматься своим делом, они склонны быть на содержании у несвободы, благодаря чему выживать либо в пределах властных, либо коммерческих структур. Оставаясь же не при деле, они выстраивают по подобию своего противника собственную равнозначно жесткую и тоталитарную идеологию.[56]

[56] Д. Пригов, С. Шаповал «Портретная галерея Д.А.П.», стр. 105-106. Дата интервью – декабрь 1996.

16. Этика творчества и искушение успехом

Словосочетание «московский концептуализм» обретало живой жизненный смысл на семинарах концептуалистов конца 70-х - середины 80-х. Это было замечательно: вклад каждого участника определялся его жизнью, был уникальным и позитивным[57]. Это объединяло участников в противостоянии окружающей культуре. Это же предопределило практически мгновенный распад сообщества сразу после того, как аукцион Сотбис (июль 1988) и предшествующая ему выставка «Художник и современность» (февраль 1987) открыли доступ группе

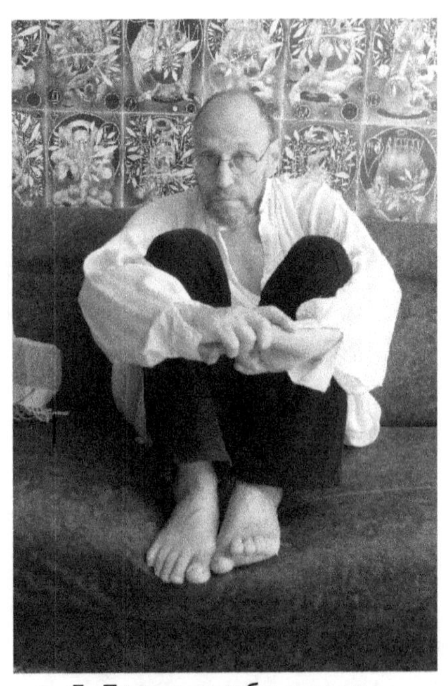

Д. Пригов у себя дома в Лондоне.

[57] Документально точные свидетельства о своем мироощущении художники и поэты, объединенные словосочетанием «московский концептуализм», см. в серии журналов «а-я», включая Литературное «а-я» (1979-85).

художников к мировому арт-рынку и финансовому успеху. Будучи одним из самых активных инициаторов, организаторов и участников той выставки, Пригов не получил приглашение на участие в аукционе. В московском каталоге Сотбис-88 его имени нет. Это не было досадной случайностью. Его реакция на это у меня лично вызвала восхищение. В ней проявилась мощь его фундаментальной этики в условиях проверки на искушение успехом. Специфические интересы организаторов аукциона были ему понятны. Более того, Пригов считал их естественными в лоне культуры, которую он понимал, воспринимал с уважением, но лично для себя считал неприемлемой. Поэтому игнорирование своих работ на фоне интереса к другим художникам из его окружения он расценил не как личную неудачу, а, напротив, как свидетельство правильности избранного им творческого пути. Не завидуя никому из получивших мгновенный доступ к реальной жизни в международном художественном контексте, он сохранил ровные дружеские отношения со своими коллегами, если те отвечали ему взаимностью. Последовательная этическая позиция: не только внешне, но и внутренне никого, никогда ни к чему не обязывать и не принуждать. Считать, что себе самому должен только ты сам.

> ***Пригов:*** Для меня всяк интересен своей позицией, для меня важна чистота позиции, принцип осознанности правил игры, аксиом, положенных в основу твоего поведения. Либо ты их чисто исполняешь, чистые выводы делаешь из этой аксиоматики, либо все путаешь. Для меня это основное, и никакое поведение не превалирует над другим в этом смысле. [58]

Поэтому Пригов без малейшего аффекта явил неподверженность искушениям идти на любой, пусть даже самый незначительный компромисс со своими

---

[58] Д. Пригов, С. Шаповал «Портретная галерея Д.А.П.», Москва, НЛО, 2003, стр. 11.

артистическими (читай: жизненными) принципами во имя тактического решения «пробиться» к внешнему успеху, чтобы затем «развернуться, стать полностью собой» и т.д. Он просто во всех провокативных ситуациях твердо следовал аксиоме: даже крошечные компромиссы такого рода чреваты потерями значительно более серьезными, чем может показаться на первый взгляд.

17. Геном и язык: две жизни

Cogito ergo sum (мыслю, следовательно существую): это высказывание Декарта (Rene Descartes, 1596-1650) сохраняется в памяти поколений вплоть до сегодняшнего дня и будет сохраняться, пока рождаются люди, которым важна эта мысль применительно к их собственной жизни.

Рождаясь, каждый человек получает не одну, а *две* взаимосвязанных жизни.

Первая материальна. Ею владеет и управляет геном, – двойная цепочка чередующихся букв A, T, G, C (обозначающих так называемые «азотистые основания»)[59].

Вторая жизнь — это жизнь в языке: непрерывный диалог, работа мысли плюс ограниченные временем жизни человека «реинкарнации» языка в цепи поколений.[60]

---

[59] Геном – это три с лишним миллиарда букв. Если записать их кеглем 10 в виде бумажных книг среднего формата, получится огромная библиотека, примерно тысяча томов по тысяче страниц в каждом. Чтобы разместить эти «книги» обычным способом потребуются книжные полки общей длиной не менее 50 метров. Между тем такая библиотека занимает весьма скромное место в каждой из мириадов клеток человеческого тела, размер которых в среднем 2-3 сотых доли миллиметра. Геном управляет телом человека от зачатия и появления на свет, а затем в течение всей жизни..

[60] Вернадский «Научная мысль как планетное явление». Москва, Наука, 1991.

Обеспечивая вторую жизнь, геном *не определяет ее состав*. Так автомобиль обеспечивает движение, но не выбирает дороги; компьютер обеспечивает память, но не определяет ее содержимое. Второй жизнью управляет свободная воля человека, она связывает человека с людьми и окружающим миром через непрерывный диалог.

Первая жизнь – временная, по смерти она исчезает бесследно: тело обращается в прах. Вторая содержит составляющую, которая остается жить после физической смерти человека в языке следующих поколений, чаще всего в безымянной форме. Каждое слово в этом тексте кто-то сказал впервые до меня. Кто эти люди – не знаю. Они ушли, имен не осталось. Случаи, когда имя автора остается в памяти поколений, известны, но доля их ничтожна в сравнении с численностью тех, кто стал безымянным.

Шаповал: Вы сказали, что не боитесь смерти. Ужас перед ней преследует человека, часто превращаясь в животный страх.

Пригов: Это сугубо культурное чувство. Малые смерти человек испытывает массу раз. Если он охвачен страхом, смерти как экзистенциальным ужасом, близкой придвинутостью к непонятному и этот страх становится неким даром или ущербностью, тогда он неперебарываем ничем и всё, как правило, кончается самоубийством. У людей, втянутых в деятельность по уничтожению смерти и утверждению вечности (а это прежде всего культура), есть страх не успеть сделать нечто, что тебя переводит из сферы смертного в вечное. Когда деятели культуры с какого-то момента осознают, что они «намыли миф» и работают в его пределах (а миф бессмертен), смерть как тотальный ужас исчезает. Страх который становится чисто культурным чувством, для человека, работающего в определенной области, может быть снят. В этом смысле он для меня снят.[61]

[61] Д. Пригов, С. Шаповал «Портретная галерея Д.А.П.», Москва, НЛО, 2003, стр. 107.

Состоявшаяся в языке, культуре, жизнь человека после смерти, привязанная к его имени или безымянная, способна продолжаться в других людях. Известных примеров не счесть. Для поэтов, писателей, художников, осознание этого факта, если угодно, часть профессии. Для Пригова это осознание вылилось при жизни не в амбиции, а в спокойную рутинную организацию ежедневного труда, направляемую его свободной волей, гарантом которой он считал только себя лично. Что до меня, я убежден: его жизнь в языке будет существовать, связанная с его именем, долго, во многих последующих поколениях.

18. Миф и бессмертие

Пригов использует выражение, «намыть миф», утверждая, что «миф бессмертен»:

> ***Пригов:*** ...Когда деятели культуры с какого-то момента осознают, что они «намыли миф» и работают в его пределах (а миф бессмертен), смерть как тотальный ужас исчезает.

С конца 19 века в России была популярна песня «По диким степям Забайкалья/ Где золото роют в горах…». Но золото не «роют», а «намывают»: поток воды смывает зерна пустой породы, тяжелые крупинки золота остаются в лотке. Найденное художником, поэтом своё оригинальное стилевое поведение и работа в его границах подобны намыванию золота. Процесс медленный и трудный. Когда добыто много, после смерти автора жизнь «намытого» мифа гарантирована.

Классическая трактовка слова «миф» отсылает к легендам и сказаниям, лежащим в основе архаических религиозных культов. Типичные примеры суть «представления и сюжеты, хотя и выросшие на основе народной фантазии, но прошедшие обработку в среде жрецов, религиозных мыслителей, философов»[62].

[62] Мифологический словарь. Москва, СЭ, 1991, 736 с, стр. 3.

В кругу московских концептуалистов словом «миф» обозначали любое артистическое действие художника, поэта, которое вошло в язык через созданные им тексты и посвященные ему тексты читателей, зрителей (не обязательно почитателей, знак неважен). Обычные книги (бумажные, электронные) лишь малая толика мифа.

Пригов: Дело в том, что «Дмитрий Александрович Пригов» существует только на уровне знакомства. Я уже давно пишу все другое (дата интервью – 18 марта 1992 - СЧ). Но меня это особенно не волнует, потому что есть несколько уровней существования. Я всегда жил мимикрическим способом: среди художников не знали, что я стихи пишу, среди поэтов не все знали, что я художник. Для меня это очень важная вещь. Вообще, как целостный литературный феномен по критериям состоявшейся культуры я должен существовать для очень узкого круга людей. А в виде мифологемы войти в поп-культуру – только так можно и нужно. Если в широкий круг читающих людей войдет миф Дмитрия Александровича, слава богу, больше и не надо. А для круга, оперирующего понятиями литературных направлений, течений, эстетических представлений (это очень-очень узкий круг, как и во всем мире), я уже существую несколько шире, чем Дмитрий Александрович в фуражке милиционера.[63]

Бессмертие мифа — это выход за пределы смерти физической, но необязательно в вечность. Продолжительность второй жизни зависит от способа жизни текста среди людей. И прежде всего от степени тоталитарности языка описания, которым пользовался автор текста, а также языков описания, на которых читатели строят интерпретации этого текста.

---

[63] Д. Пригов, С. Шаповал «Портретная галерея Д.А.П.», Москва, НЛО, 2003, стр. 15.

19. «Сталин это Пушкин сегодня»

Пригов говорит о тоталитарности, как своего рода болезни языков описания внутри гуманитарного языка. Главный симптом – претензия языка описания на власть над другими языками от имени «истины», «общественной пользы», «государства», «культуры», «науки», «морали», «этики», «эстетики», «представлений о добре и зле»... Этот род тоталитарности помимо институтов власти создают адепты либо противники тоталитарной власти, сами же люди, носители языка.

В мультикультурном сообществе разнообразие картин мира и, соответственно, языков описания – естественная норма, а диалоги между их носителями с целью узнать и понять друг друга – признак языкового здоровья.

Когда языки описания собеседников не заражены тоталитарностью, они поддерживают тонус диалогичности, направленной на взаимный обмен картинами мира, расширение возможности личного выбора каждым участником, без ограничений на свободу такого выбора.

Язык тоталитарный, напротив, сужает пространство выбора собеседников, отказывая в праве на существование любому другому языку. Диалог между носителями разных тоталитарных языков описания всегда потенциальный либо явный конфликт с обоюдной демонстрацией претензий на власть над собеседником.

Классический пример тоталитарного языка – язык пропаганды тоталитарной власти, не ограниченной демократическими нормами. Но нетривиальная и по сути точная мысль Пригова состоит в том, что тоталитарным может стать любой язык описания. Любой человек, твердо уверенный, что он «постиг высшие ценности», «причастен высокой культуре», вполне может стать носителем тоталитарного языка описания.

Пригов: … Я исходил из того, что любой язык описания может стать советской властью. Я неожиданно для себя это понял буквально по одной фразе (не помню, кому она принадлежит): «Сталин это Пушкин сегодня». Все смеялись: какая наглость – сравнивать Пушкина со Сталиным. А я понял, что любой язык, который стремится к господству, поражается раковой опухолью власти. Из этой идеи вытекали мои дальнейшие действия. Это как: сел на велосипед – дальше ты уже едешь сам.

Шаповал: Описанная вами эволюция привела вас к тому, что, по мнению культурных людей, для вас в культуре не стало ничего святого, исчезла иерархия, для вас оказалось возможным поставить на одну доску Ахматову и, скажем, Егора Исаева…

Пригов: Все правильно, только у этих людей нет оптики, чтобы рассмотреть суть моего поведения, – они видят лишь черноту. Дело в том, что моя стратегия заключается не в том, чтобы доказать, что Егор Исаев равен Анне Ахматовой, а в том, чтобы показать: как только эти имена (*не Исаев и Ахматова, а их имена в представлении и речи других людей* – *СЧ*) начинают претендовать на тотальную власть, они уравниваются. В пределах своей аксиоматики они, разумеется, несравнимы. Я не описываю ни Ахматову, ни Исаева, я пытаюсь определить границу, за которой их язык и поведение становятся тоталитарными (опять-таки *в* *представлении и речи других людей – СЧ*), они превращаются в монстров.

Шаповал: Вот тут у многих и вырывается крик: «А ты кто такой, чтобы определять границы?!»

Пригов: Я эксперт. Я не доказываю, что тот или иной поэт хорош или плох, я говорю о социокультурном функционировании некоего языка и образа. Есть производитель, задача которого выдавать много продукции, а есть работник ОТК, задача которого проверять ее доброкачественность. Разве он враг производителю?

Шаповал: У работника ОТК есть некоторый эталон, который позволяет ему отбраковывать часть продукции. Что выполняет его роль в вашей деятельности?

Пригов: Тоталитарные амбиции. Я исхожу из закона Паркинсона, гласящего, что любой язык в своем развитии стремится перейти свои границы и стать тоталитарным языком описания. Это моя основная презумпция. Я же не сжигаю книги Ахматовой, я провожу некую культурную процедуру, проще говоря, я работаю в пределах культуры. Наверное, я являю некий новый тип технологии сознания, который в мировой культуре уже банален, а здесь (*в России; интервью датировано 30 октября 1999 - СЧ*) все еще неожидан и ужасен.[64]

Понятие «тоталитарность языка описания», как его вводит в обиход аналитического дискурса Пригов, операционально, допускает четкую верификацию в жизни. Это понятие необходимо для понимания ключевой роли, которую в культуре цивилизации играет свободная воля людей (всех и каждого), а также для развития теории «языка без границ», как явления природы, – в продолжение идей Мишеля Фуко и его предшественников в истории культуры.

Примечательно, что к тоталитарным языкам описания принадлежат все языки, которые представляют точные

[64] Д. Пригов, С. Шаповал. Портретная галерея Д.А.П., Москва, НЛО, 2003, стр.96.

науки, прежде всего язык физики и математики, развитие которых освящено девизом Лондонского королевского общества Nullius_in_verba: ничто в словах. В смысле: в точных науках выбор имен неважен, – это условность. Безусловны лишь факты, которые в контакте с людьми диктует Природа, живущая по своим законам, не зависящим от воли людей. Тоталитарность языков науки – необходимое условие их полезности для цивилизации. Этические проблемы, которые возникают в связи с этим обстоятельством, волновали Пригова в наших с ним разговорах. Это отдельная тема.

20. Равносторонний треугольник «Пригов – власть – диссиденты»

Пригов жестко дистанцировался от власти, будучи полностью на стороне диссидентов в разоблачениях и моральных оценках совершаемых ею преступлений «во имя государственных интересов». Столь же жестко Пригов дистанцировался и от диссидентов во всем, что касается пафоса «антисоветской советскости» или «беспартийной партийности», который исходил от тех, чьим безусловным духовным лидером был Александр Солженицын. Исключения были крайне редкими[65]. В поляризованной двухполюсной культуре Пригов и его соратники по цеху московских концептуалистов представляли третий полюс, равноудаленный от первых двух.

Шаповал: Ваша активная интеллектуальная и художественная деятельность была своеобразным заслоном от советской действительности…

Пригов: Конечно.

Шаповал: А присутствовал ли в вашей жизни мотив противостояния ей?

---

[65] В моей жизни такое редкое исключение явили Юлий Даниэль (1928-1988) и Борис Шрагин (1926-1990), с которыми мне посчастливилось быть связанным теплыми дружескими отношениями.

Пригов: Он был очень силен. Основная публицистическая литература, которую я читал, начиная с института, вся была антисоветская. … Даже знание художников, которые были запрещены, ставило тебя в оппозицию к этому режиму, затем следовало все остальное. … Логика попадания в андерграундный круг была настолько жесткой, что иного отношения и поведения просто быть не могло. …

Шаповал: В это время было известно, что существует диссидентское движение, уже прошел процесс Синявского-Даниэля. Как вы тогда воспринимали диссидентов?

Пригов: Я был полон уважения к ним. Другое дело, что с ними, как с литераторами, я никак не пересекался Среди художников диссидентов не было. Разве что Эрнст Неизвестный, но я его тоже не знал.[66]

Становление и причину равноудаленности от власти и диссидентов Пригов объяснил, как характерно для него, ясно и недвусмысленно:

Пригов: Надо сказать, что мое нынешнее[67] пристрастие к чтению литературы философской и культурологической типологически сходно с чтением детских книжек [в юности и подростковом периоде], из которых я вычитывал некий коммунальный восторг и некие мифологемы.

Шаповал: То есть к 14 -15 годам у вас были вполне четкие взгляды, у вас была идеология?

Пригов: Да. Но как только я начал все это рационализировать, то сразу же убедился в мизерности и мизерабельности всего этого.

Шаповал: А когда это произошло?

Пригов: Как только я обнаружил, что есть искусство за пределами допустимого, дозволенного. Меня моментально начали разъедать сомнения. И я вывел: раз власть, не объясняя ничего,

[66] Д. Пригов, С. Шаповал «Портретная галерея Д.А.П.», Москва, НЛО, 2003, стр. 76-77.

[67] Интервью датировано 4 мая 1999

> этого не разрешает, она идиотская. Схема простая. Но не диссидентская. Поэтому я никогда не был диссидентом: для меня крах и мизерабельность власти вырастали отнюдь не из идеологического противопоставления этой мощной идее какой-то своей мощной идеи, у меня все возникало в результате критики высказывания.[68]

Еще более выразительны человеческие начала, на которых основано неприятие Приговым пафоса «мощных идей» в пику другим «мощным идеям», следствием чего стала его приверженность «критике высказываний»:

Иной раз думаешь – иде я?
В истории какой такой?
Идея пышет на идею
И знак на знак идет войной
И сыплется ненужный прах
Иде я? Иль на небесах
Уже?

***

Я всю жизнь свою повел в мытье посуды
И в писании возвышенных стихов
Мудрость жизненная вся моя отсюда
Оттого и нрав мой тверд и несуров
Вот течет вода – ее я постигаю
За окном внизу – народ и власть
Что не нравится – я просто отменяю
А что нравится – оно вокруг и есть

Природу своей дистанции от власти Пригов выразил в комментарии на захват Крыма в интервью Андрею Зорину

---

[68] Д. Пригов, С. Шаповал «Портретная галерея Д.А.П.», Москва, НЛО, 2003, стр. 37-38.

1993 года, более чем за двадцать лет до того, как захват произошел:

Зорин: *Что с Крымом сделаем? Заберем его у Украины обратно или оставим?*

Пригов: Если они разрешат туда ездить свободно – за ради бога, хоть Японии пусть Крым принадлежит. А что мне-то, собственно говоря? Я вот, скажем, еду в Германию, а кому она принадлежит? Она принадлежит тому, кто приехал. Есть деньги – живет, нет денег – не живет. Зачем мне этот флот? Что я, кататься на нем поеду?

Зорин: *То есть не нужен флот, отдадим его?*

Пригов: Мне не нужен. … Я не вижу особой прелести в этом флоте.[69]

Акцент на собственное «Я» – не отстранение типа «меня это не касается» или «меня это не интересует». Это честное, без лукавства, обозначение личной позиции в ответ на провокативное приглашение включиться в решение якобы важной проблемы, фиктивный характер которой прикрыт интересами конкретных людей, объявляющих себя гарантами «подлинных государственных (национальных) интересов», тогда как жизненный смысл вопроса отсутствует, его нет в природе. «Где ты? – Тебя не видит глаз» – однажды сказал Пригов, имея в виду государство как мифологему.

---

[69] «Подобранный Пригов», Москва РГГУ, стр. 250.

21. Язык без границ

В обиходе «знать язык», скажем, английский, значит уметь им пользоваться в англоязычной среде. Конечно, знание языка можно совершенствовать, все более и более погружаясь в атмосферу языка, и тому нет предела. Но все эти знания касаются представления о языке как о явлении, существующем помимо людей.

Между тем Бахтин, Фуко, этнометодологи (и не только они в истории цивилизации), отмечая фундаментальную роль повседневных диалогов в качестве первоосновы языка, фактически придерживались иной точки зрения на язык. Они рассматривали язык как явление, равнозначное сознанию людей и существующее поэтому в людях и только в людях.

Бахтин считает диалогическую практику основой языка, а реплики диалогов первоэлементами языка. Вначале было не слово, а реплика в диалоге. «Обмен информацией» лишь частная функция диалогов. Реплики и контексты диалогов включают образы мира и действия участников, не сводимые к словам и текстам.

Каждая реплика в сознании воспринимающего ее предстает иной, чем она предстает в сознании автора. Часто радикально иной. И это не «произвол», а норма свободы, основа драматургии, благодаря которой язык обновляется и развивается.

Куросава блестяще представил эту норму в фильме Расёмон (1950), используя событийную канву рассказа Акутагавы «В чаще» (1922).

Не будь этой нормы, язык превратился бы в то, как его представляют современные программисты, создавая говорящих роботов, полагая, что этим моделируют пусть искусственный, но интеллект.

> **Замечание**. Как-то в СМИ прошли документальные кадры: на престижной международной выставке робот ответил на вопросы Её Величества английской королевы «словно живой». А когда она попрощалась, показал себя истинным джентльменом. Окружающие ахнули: еще немного, и в сочетании «искусственный интеллект» слово «искусственный» станет лишним. Я бы присоединился, но не могу, зная в деталях, как строятся семантические сети, управляющие поведением роботов.
>
> Если бы Ее Величество нашла время и поговорила с этой машиной подольше, она убедилась бы, что там, где живой человек проявляет свой интеллект и свободную волю, робот демонстрирует датчик случайных чисел, поставленный программистом.

Фуко определяет язык как квинтэссенцию человеческого бытия. Вторя Бахтину, он подчеркивает, что отношения людей с природой – это также диалогическая практика, где реплики суть действия людей и ответные действия природы, регламентируемые ее законами.

Ядро экономики – рынок – тоже, согласно Фуко, не что иное, как диалогическая практика, где диалоги суть обмены «товар – деньги – товар», а реплики суть материальные предметы и эквиваленты их значимости (золото, платина, деньги, и т.д.).[70]

Этнометодологи концентрируют внимание на социальных функциях диалогов, совершаемых в повседневных отношениях людей с людьми и людей с природой. В этих диалогах язык каждодневно используется и обновляется одновременно. Что-то уходит и забывается, что-то рождается и входит в жизнь, вследствие чего изменяются лексика, семантика, тезаурусы, дискурсы. Так язык гибко и оперативно подстраивается к текущему состоянию мира людей и мира природы. Диалогическая практика, утверждают они, есть арена всех социальных процессов в любом сообществе. Отсюда провозглашаемые этнометодологами «новые направления в социологической теории»[71].

Включение диалогической практики в состав языка на правах первоосновы в корне меняет представление о сущности языка. Это иная парадигма языка.

С точки зрения этой парадигмы живой гуманитарный язык – не только средство, используемое для жизни (общения, передачи информации, получения знаний), но сама жизнь во всей ее полноте. Та, которая поддерживается геномом, но не регламентируется им, продолжая жить в других людях и после того, как геном конкретного человека прекращает существовать.

Наиболее подходящее название для так понимаемого явления – *язык без границ*. Инициаторы такого названия применительно к живому гуманитарному языку – этнометодологи. Следуя им, я использую его в этом

[70] Фуко М., Слова и вещи. Археология гуманитарных наук. Пер. с фр. В.П. Визгина, Н.С. Автономовой, СПб, A-cad, 1994 стр. 229-230. Foucault M., Les mots et le choses. Une archeologie des sciences humaines. Paris, Callimard, 1966.

[71] P. Filmer, M. Philipson, D. Silverman, D. Walsh. New Directions in Sociological Theory (1973).

тексте о Пригове не случайно. Пригов не единственный, кто явил себя как художник и поэт в языке без границ. Но в моей жизни он единственный, кто сделал это осознанно.

В каждом из нас пребывает уникальная часть *языка без границ* как *личный язык*, на которым говорит, пишет, выражает свои привычки, мысли, чувства тот, кому он принадлежит, и больше никто.

Эта часть языка без границ неведома никому кроме того, кто эту часть несет в себе, пока жив. Тютчев пишет об этом в своем «Silentium!» как об индивидуальном скрытом языке:

Тютчев (1829): Молчи, скрывайся и таи
И чувства и мечты свои –
Пускай в душевной глубине
И всходят и зайдут оне
Как звезды ясные в ночи-
Любуйся ими - и молчи.
Как сердцу высказать себя?
Другому как понять тебя?
Поймёт ли он, чем ты живёшь?
Мысль изречённая есть ложь.
Взрывая, возмутишь ключи,-
Питайся ими - и молчи.
Лишь жить в себе самом умей –
Есть целый мир в душе твоей
Таинственно-волшебных дум;
Их заглушит наружный шум,
Дневные ослепят лучи,-
Внимай их пенью - и молчи!..

Вот ответная реплика Пригова (в этом качестве он ее не афишировал):

Пригов (1983) Пропала ягода малина
Началась ягода рябина
Вот так вот и мы все погаснем
Другие кто-нибудь взойдут
О, труд печальный, труд напрасный
Прошедшей жизни явный труд
Зачем ты Пушкину был дан?
И Лермонтову тоже дан?
И Тю.., и Тютчеву был дан
И мне… – хотя вот мне ты дан
Для пользы

Конечно для пользы. Не для того, чтобы «любоваться своими чувствами, мечтами и молчать». Пригов бежал от стагнации языка в себе. А любая мысль, высказанная им самим, была для него не «ложью», а лишь тем, что он считал нужным сказать себе и другим в определенное мгновение жизни. Что, кстати, в точности делает Тютчев, публикуя свое стихотворение.

22. Спасительная диалогичность

Чтобы узнать о человеке, надо с ним поговорить. Вступить в диалог. Пригов определял это как поведенческую основу своей эстетической стратегии: стремление слушать, слышать, понимать, быть в живом диалоге, быть открытым к языку любого человека, не присягая никому на верность, сохраняя дистанцию в отношениях как с любыми текстами, так и с окружающими. Известна его приверженность общению «на вы» и по имени-отчеству.

Пригов: У меня было несколько кругов, но лишь с одним я себя идентифицировал полностью по причине совпадения эстетических и жизненных позиций. В других кругах были совпадения жизненных позиций, но эстетические могли быть не совместимы. <…> Мне все были интересны. … Общение с другими кругами было для меня своего рода исследованием, они мне были нужны, чтобы я смог стать более полным, сумел научиться смотреть на многие явления со стороны.

Шаповал: Можно себе представить, с каким сомнением смотрели на вас многие. Ведь то была эпоха дружб, которыми спасались от господствующего маразма, а для вас это явление было неактуальным. В то время позиции – эстетические, этические, политические – четко формулировались, что определяло круг общения. А тут появляется человек, со всеми общающийся, всем в равной степени интересующийся.

Пригов: Это есть проекция моей эстетической стратегии, которая основана на стремлении не влипать ни в какой текст. В жизни она проявлялась во взаимоотношениях с разными кругами. Скажем, нашему кругу водиться с Ахмадулиной было зазорно, а мне нет. И потом, у модели моего поведения была существенная черта: ко мне домой практически никто не ходил, всех навещал я. Я приходил и уходил. Мою роль можно назвать ролью соглядатая. Может быть, поэтому Кормер подозревал меня в сотрудничестве с органами.

Шаповал: Вы говорили, что вы человек очень застенчивый, а такое интенсивное общение требует немалых психологических усилий. Это не составило для вас особого труда?

Пригов: Мне очень помогла работа с разными литературными языками и дискурсами. Она, по счастью, совпала с развитием моей внутренней психологической структуры. Я преодолел внешние проявления застенчивости, легко стал находить общий язык с разными людьми. Я никогда не форсировал те темы, которые в данном пространстве неразрешимы, не лез со своими претензиями и доказательствами, что все присутствующие – идиоты и суки. Мне интересны люди, их поведение, структура мышления. Я легко впадаю в разговор, не пропадая в нем, в нужный момент я могу перейти на другой язык. Мне интересен этот процесс.[72]

Существует традиция выделять язык искусства, литературы, поэзии в отдельный ареал, мотивируя это эстетическими и культурологическими соображениями. Творчество Бахтина противостоит этой традиции,

[72] Д. Пригов, С. Шаповал «Портретная галерея Д.А.П.», Москва, НЛО, 2003, стр. 132-133.

связывая равноправие обыденных форм языка, примат разных форм диалогичности, как основы теории «языка без изъятия». Пригов перевел это противостояние на новый уровень. Он развил идею диалогичности, в стагнирующем русском языке создал мощный поэтический стиль, открыл новые возможности внутренних диалогов между речевыми жанрами, создал особую драматургию, в которой сами эти жанры становятся персонажами драматического действия, вкрапленными явно или неявно в связный поэтический текст или в серию графических работ.

Через диалоги язык вбирает в себя все, все проявления жизни, все действия человека, любое явление природы. А в переломные моменты жизни языка, когда язык деградирует под влиянием разрушительных процессов, инициируемых государственной властью или тоталитарной культурой, когда господствуют монологичность и культурно санкционированные наборы стилей, только диалогичность оказывается «спасательным кругом», помогающим языку выжить.

Бахтин: Чем условнее и традиционнее стиль, тем менее он учитывает конкретного, живого, современного слушателя, тем более он монологичен. Разрушение таких стилей начинается с их пародийной диалогизации. В переломные моменты всегда усиливается диалогическая стихия речи, обостряются ощущения слушателя-современника, врага и друга, усиливается борьба со всякого рода условностью с условным монологизмом. Обращение к разговорным стилям, расширение сферы литературного языка неразрывно связано с обращением к диалогу; происходит – и это очень важно – расширение концепции слушателя-современника, его демократизация. Условность, ослабляя ощущение и учет слушателя, в то же время отрывает слово и от реальной действительности. Диалогизация, обостряя ощущение и учет чужого слова (активно-ответного слушателя современника), в то же время сближает слово с

> действительностью, обеспечивая и более правильную и творческую предметную сосредоточенность его. Традиционная условность в области искусства соответствует догматизму в области науки.[73]

Пригов пришел в переломный момент, когда язык стагнировал. Пригов внял его зову. Продолжая и развивая намеченное Бахтиным, он создал уникальный в русской культуре поэтический и изобразительный язык. Открытая людям диалогичность воплощена в его жизни и в каждой клеточке его творческого наследия.

[73] Из архивных записей к «Проблеме речевых жанров», в кн. М.М. Бахтин, Собрание сочинений, т.5, Москва, «Русские словари», 1996, стр. 223.

23. Торнтон Уайлдер и «Исчисления» Пригова

Конечно, диалог с людьми (не с книгами в первую очередь, а с людьми, т.е. живых – с живыми) – главный источник знаний людей о людях. Тех знаний, в которых каждый человек нуждается прежде всего чтобы строить свою собственную жизнь.

Толковый словарь гуманитарного языка огромен: сотни тысяч (возможно – миллионы) конвенционально заданных понятий, смысл которых выражается через несколько тысяч понятий, принимаемых в качестве первичных, неопределимых (так называемое «семантическое ядро языка»[74]), плюс практически бесконечное количество выражений, которые обретают смысл только в повседневных диалогах, определяя фактом своего существования эволюцию языка.

Словарь, на котором природа говорит с человеком, неизмеримо беднее. Меньше десяти основных и всего нескольких сотен производных числовых понятий, смысл которых, в согласии с девизом Nullius in verba,

[74] В основательных толковых словарях это «малый словарь» лексики, достаточной, чтобы построить словарную статью любой другой лексической единицы в корпусе лексики, представленной в словаре.

определяется фактами, существующими независимо от человека.

Приверженность Пригова диалогам с людьми, гуманитарному языку со всеми его особенностями, мне всегда была понятна и близка[75]. В 80-х, встречаясь, мы часто говорили о его и моих занятиях. Разговор шел взаимный, ему было интересно, мне тоже.

Среди прочего я однажды сказал ему о своей трактовке одного эпизода из повести Торнтона Уайлдера «Мост короля Людовика Святого».

Там монах францисканец, брат Юнипер, стремясь научно, «с цифрами в руках» оправдать перед людьми свою веру, решил заменить обычные словесные оценочные суждения о людях числами аналогично тому, как выставляют баллы в школах, – он был уверен, что это внесет в его рассуждения математическую точность.

Уайлдер *(перевод В. Голышева)*: «Наслушавшись насмешек над религией, брат Юнипер пришел к убеждению, что пробил час на земле доказать – с цифрами в руке доказать – ту веру, которая так ярко и волнующе жила в нем. Когда повальная болезнь напала на милую его сердцу деревню Пуэрто и унесла множество крестьян, он тайком составил таблицу характеристик пятнадцати жертв и пятнадцати выживших – статистику их ценности sub specie aeternitatis[76]. Каждая душа оценивалась по десятибалльной шкале в отношении своей доброты, своего религиозного рвения, своего значения для семейной ячейки. Вот отрывок этой дерзновенной таблицы:

[75] См. С.В. Чесноков, «Мне интересен человек как человек», Социологический журнал, 2001, №2, стр. 63-122 (в свободном доступе на сайте https://sergeichesnokov.wordpress.com/texts/ (раздел 2. Биографические тексты)

[76] Под знаком вечности.

	Добро	Благочестие	Полезность
Альфонсо Г.	4	4	10
Нина	2	5	10
Мануэль Б.	10	10	0
Альфонсо В.	- 8	- 10	10
Вера Н.	0	10	10

Задача оказалась труднее, чем он предполагал. Почти каждая душа оказалась экономически незаменимой, и третий столбец ничего не давал. Исследователь был вынужден прибегнуть к отрицательным числам, столкнувшись с характером Альфонсо В., который не был, как Вера Н., просто плохим – он пропагандировал плохое и не только избегал церкви, но и других научал ее избегать. Вера Н. действительно была плохой, но она была примерной прихожанкой и опорой переполненной хижины. Из этих неутешительных данных брат Юнипер вывел показатель для каждого крестьянина. Он подсчитал сумму для жертв, сравнил с суммой для выживших… и нашел, что покойные в пять раз больше заслуживали спасения. Все выглядело так, как будто мор был направлен именно против самых ценных людей в деревне Пуэрто. В этот день брат Юнипер бродил по берегу Тихого океана. Он порвал свои выкладки и бросил в волны; он час смотрел на громадные жемчужные облака, вечно висевшие над этим морем, и зрелище красоты родило в нем смирение, которого он не отдал на испытание разуму. Вера расходится с фактами больше, чем принято думать.

Брат Юнипер хотел доказать себе и другим людям правильность своей веры, но начал с того, что убил в себе язык. Огромный словарь живого языка в его душе «сжался в точку», коллапсировал, и он ничего не смог сделать.

Пригов: Трагедья малого листка
Не в том, что маленький он очень
А в том, что в каждой его точке
Его трагедья велика.
Когда бы ему сжаться в точку –
Да только хуже будет быть
Тогда уже не быть листочку
Уже одной трагедье быть.

Заменив слова числами, монах пренебрег живым языком во имя научного приближения к истине, которой не существует. Про то, чего при этом навсегда лишил себя Брат Юнипер, Уайлдер блестяще рассказал своей повестью. Рассказал, используя язык, вне которого невозможен разговор о людях, сколько-нибудь связанный с их реальной жизнью. В том числе о таких людях, как брат Юнипер.

Этот эпизод, разумеется, вымышленный, Уайлдер датировал началом XVIII века. В разговоре с Приговым я вспомнил его чтобы провести параллель с другим эпизодом, современным, реально случившимся два с лишним столетия спустя. В начале XX века, окрыленные успехами физики, нашлись люди, решившие сделать то же самое, что Брат Юнипер. Цель их выглядела в каком-то смысле значительно более грандиозной в сравнении с тем, чего хотел добиться, но не добился монах. Они решили заменить слова числами чтобы сделать, наконец, гуманитарные науки точными. Это были люди, имевшие математическое образование. В отличие от брата Юнипера, они не были одинокими. Они и их последователи построили теорию, объясняющую, как нужно «правильно, с научной точки зрения», заменять слова числами, чтобы прийти к точным гуманитарным знаниям. К середине 70-х теория с названием «Теория шкалирования»[77] или «Теория измерений»[78], уже представляла солидное научное направление, которое существует и по сей день.

Математические знания снискали высочайший авторитет в мировой культуре. После Кеплера, Галилея, Декарта, Паскаля, гигантов, на плечах которых стоял Ньютон, его сформировали, – не поленюсь перечислить хотя бы некоторые ведущие фигуры, – братья Бернулли, Эйлер, Гаусс, Лаплас, Коши, Фурье, Максвелл, Гамильтон, Кронекер, Вейерштрасс, Риман и их последователи. На плечах этой плеяды гигантов сделали, в свою очередь, свои открытия Эйнштейн, Лоренц, Пуанкаре, Больцман, Планк, Гейзенберг, Шредингер, Паули, Борн, Бор, Дирак, Вигнер, Вейль, Ли, Вигнер, Юкава и близкие им по духу.

Но в двадцатом веке, искорёженном двумя мировыми войнами и жуткими по чудовищным человеческим жертвам диктатурами, университетская культура Европы и Америки потеряла живительное, глубокое сотрудничество между гуманитарной и естественнонаучной культурами. То сотрудничество, фактическим результатом которого стал цивилизационный скачок, гигантский по масштабам, но в то же время выразившийся исключительно в «техническом обеспечении» современной цивилизации. Наиболее яркими символами его стали Интернет, компьютеры и освоение космоса.

Что же касается природы гуманитарных, социальных процессов и прежде всего статуса,

---

[77] См. Stevens S.S. Mathematics, measurement and psychophysics. In "Handbook Exp. Psychol". New York, 1976, pp. 1-49).

[78] См. Pfanzagl J., Theory of Measurement, Physica-Verlag. Wurzburg-Wien, 1971 (русский перевод В.Б. Кузьмина под ред. С.В. Овчинникова: Пфанцагль И. Теория измерений, Москва, «МИР», 1976.

отведенного реальности человеческого сознания в современной картине мира, то совсем несложно сделать необходимые очевидные оговорки, на фоне которых будет справедливо категорическое суждение: в этой обрасти за последние триста лет прогресса не было вообще.

В том же двадцатом веке математика, по природе тоталитарная (в приговском смысле) научная дисциплина, утратила определенность[79] вместе с традиционными обязательствами перед реальностью. Помимо научных коллективов, развивающих то, что составляет ядро современной математики, возникли многочисленные группы «конкистадоров», вооруженных авторитетом математики, напоминающие религиозные секты, не способные понимать друг друга, но завоевывающие позиции в области гуманитарной культуры. Завоевывающие исключительно силой духа, подкрепленного амбициями в гораздо большей степени, чем рассудительностью и кропотливой вдумчивостью тех, кому математика обязана своим существованием. Отсутствие внятной критики этих групп со стороны носителей гуманитарной культуры обеспечивают специфика математического языка и особенности современного гуманитарного образования.

Пригов был внимателен к моему рассказу. Он знал о явлении, которое этот рассказ иллюстрировал, т.к. имел опыт общения с учеными – математиками физиками, биологами (по его приглашению свидетелем одного такого домашнего общения, весьма, кстати, симпатичного и доброжелательного по содержанию, случилось быть мне). Наши этические позиции

[79] См. Kline M. "Mathematics. The Loss of Certainty". NY, Oxford Univ. Press, 1980 (русский перевод Ю.А. Данилова под ред. проф. И.М. Яглома: М. Клайн. «Математика. Утрата определенности». Москва, «МИР», 1984.

совпадали. Но позитивные выводы оказались, естественно, разными, в той мере, в какой разными были наши дополнительные друг к другу жизненные амплуа.

Для меня та история была (и остается) одним из стимулов в работе над развитием математики, которая явно учитывает гуманитарное происхождение основного понятия арифметики «единица натурального ряда» (а с ним и натуральных чисел, породивших большую часть классической математики). Идея древняя, но не нашла развития в современной математике. Первым, по свидетельству Платона, ее озвучил Парменид в диалоге с молодым Сократом в V веке до нашей эры[80].

Для Пригова та же история стала еще одним стимулом к тому, чтобы продолжить поэтическое развитие темы словообразования и стратификаций в живом языке. Обозначив ее начало «азбуками», он дополнил ее темой «число и гуманитарный язык». Результатом по прошествии 15-ти лет стала серия работ, составившая книгу «Исчисления и установления» (Москва, НЛО, 2001). В ней Пригов блестяще показал замечательную способность живого гуманитарного «языка без границ» не только преодолевать любые формы интервенций против себя, но и обращать их себе на пользу, демонстрируя свободу личностного смысла.

---

[80] См. диалог Платона «Парменид».

24. «Взлетные площадки». Смех Мишеля Фуко

Книга «Исчисления и установления» начинается симптоматичным предуведомлением к тексту «Стратификации» - одному из девяносто трех (!), составляющих книгу.

> ***Пригов:*** Страсть всеобщей стратификации окружающего мира сопровождает человечество с первых же его культурных вздохов. Она обретает вид мифологии, ритуалов, социальных и военных иерархий, научных и квазинаучных теорий, а также всяческих шутовских, игровых и детских табелей о рангах. Собственно, наибольшей чистоты и всеобщности в этом отношении в наше время достиг рынок с его денежным эквивалентом. В свете этого понятны побудительные причины моих слабых попыток в разрозненных областях, но в неложном направлении.[81]

Замечание насчет рынка и денежного эквивалента абсолютно точно подпадает под концепцию «языка без границ», которую развивал Мишель Фуко, следуя плеяде своих предшественников в прошлом, начиная, как минимум, с XVI века. Нет сомнения, что Пригов

---

[81] Пригов Д.А. Исчисления и Установления. Стратификационные и конвертационные тексты. Москва, НЛО, 2001, стр.5.

внимательнейшим образом прочел книгу «Слова и Вещи», где Фуко, среди прочего, определяет экономические обмены «товар-деньги-товар» как одно из социальных обличий «языка без границ» (одно из проявлений диалогической природы «языка без границ», где, по Бахтину, репликами служат материальные предметы и деньги)[82].

Фуко: Прежде всего следует отметить, что *анализ богатств* (здесь курсив везде принадлежит Фуко – СЧ) подчиняется той же самой конфигурации, что и *естественная история* и *всеобщая грамматика*. … Следовательно, теория денежной цены соответствует тому, что во *всеобщей грамматике* выступает в форме анализа корней и языка действия (функция *обозначения*), и тому, что выступает в форме тропов и смещений смысла (функция *деривации*). Деньги, как и слова, наделены функцией обозначать, но они не прекращают колебаться…: колебания цен так относятся к первоначальному установлению отношения между металлом и богатствами, как риторические смещения относятся к первому значению словесных знаков. <…> Четыре функции (глагол, сочленение, обозначение и деривация - СЧ), определяющие специфические свойства словесного знака и отличающие его от всех других знаков, которые представление может полагать, повторяются, таким образом, в теоретической системе естественной истории и в практическом использовании денежных знаков.[83]

Для развития сущностного и стилистического начал поэтической мысли Пригова в книге «Исчисления и Установления» (так или иначе присутствующих во всем творчестве Пригова), в мировой культуре были (и

[82] Тексты Борхеса, Фуко, Бахтина (а также Бубера) входили в «катехизис» московских концептуалистов на рубеже 70-80-х.

[83] Цит. по изданию: Фуко М., Слова и вещи. Археология гуманитарных наук. Пер. с фр. В.П. Визгина, Н.С. Автономовой, СПб, A-cad, 1994 стр. 229-230. Foucault M., Les mots et le choses. Une archeologie des sciences humaines. Paris, Callimard, 1966

остаются, судя по всему, навечно) три «взлетные площадки». Имена их создателей: Уайлдер, Борхес и Фуко.

По части «исчислений» олицетворением такой «площадки» стал созданный Уайлдером брат Юнипер с его «дерзновенной таблицей».

По части «установлений» и «стратификаций» символом такой «площадки» стал некий Джон Уилкинс, – персонаж, созданных Борхесом в рассказе «Аналитический язык Джона Уилкинса», и цитируемая в этом рассказе «китайская энциклопедия».

Борхес *(выдержка из китайской энциклопедии «Небесная империя благодетельных знаний»):* … животные делятся на а) принадлежащих Императору, б) набальзамированных, в) прирученных, г) сосунков, д) сирен, е) сказочных, ж) отдельных собак, з) включенных в эту классификацию, и) бегающих как сумасшедшие, к) бесчисленных, л) нарисованных тончайшей кистью из верблюжьей шерсти, м) прочих, н) разбивших цветочную вазу, о) похожих издали на мух.[84]

Эта цитата вызвала к жизни книгу «Слова и вещи» Мишеля Фуко, книгу, ставшую третьей (хронологически, вероятно, первой) «взлетной площадкой» Пригова для написания книги «Исчисления и Установления». Предисловие к книге «Слова и вещи» Фуко начинает так:

***Фуко**:* Эта книга вызвана к жизни одним из произведений Борхеса. Точнее – *смехом, прозвучавшим под влиянием его чтения, смехом, который колеблет все привычки нашего мышления – нашего по эпохе и географии – и сотрясает все координаты и плоскости, упорядочивающие для нас великое разнообразие существ, вследствие чего утрачивается устойчивость и надежность нашего тысячелетнего опыта*

[84] Борхес, Аналитический язык Джона Уилкинса. Перевод с испанского Е. Лысенко. В кн. Борхес Проза разных лет. Москва, «Радуга», 1984, стр. 216-218.

Тождественного и Иного (курсив мой – СЧ). В этом произведении цитируется «некая китайская энциклопедия», в которой говорится, что «животные подразделяются на а) принадлежащих Императору, б) бальзамированных, в) прирученных, г) молочных поросят, д) сирен, е) сказочных, ж) бродячих собак, з) включенных в настоящую классификацию, и) буйствующих, как в безумии, к) неисчислимых, л) нарисованных очень тонкой кисточкой из верблюжьей шерсти, м) прочих, н) только что разбивших кувшин, о) издалека кажущихся мухами»[85]. Предел нашего мышления – то есть совершенная невозможность мыслить *таким образом* (курсив автора – СЧ) – вот что сразу же открывается нашему взору, восхищенному этой таксономией….

Каждой из этих необычных рубрик можно дать точную интерпретацию и конкретное содержание; некоторые из них и в самом деле включают фантастические существа – сказочных животных или сирен; но выделяя их, китайская энциклопедия как раз препятствует возможности отождествить их со всеми прочими; она тщательно отличает реально существующих животных (буйствующих, как в безумии, или только что разбивших кувшин) от существующих лишь в воображении.

Все три «взлетные площадки» Пригова прочно связаны между собой.

Торнтон Уайлдер (1897 -- 1975, США) и Хорхе Луис Борхес (1889-1986, Аргентина) – из одного поколения и наверняка держали друг друга в поле зрения. Крушение моста Людовика Святого (событие, породившее идеи брата Юнипера) Уайлдер датирует 1714 годом. Рождение Джона Уилкинса, чьи идеи породили ассоциацию с «китайской энциклопедией», Борхес

[85] Текст Борхеса – перевод с испанского, цитата его в тексте Фуко – тот же текст в переводе на французский, а затем на русский. Этим объясняются небольшие расхождения между ними.

датирует 1614 годом. Ровно сто лет разницы. Я не верю, что это случайно.

Смех Мишеля Фуко (1926-1984, Франция), «*который колеблет все привычки нашего мышления – нашего по эпохе и географии – и сотрясает все координаты и плоскости, упорядочивающие для нас великое разнообразие существ, вследствие чего утрачивается устойчивость и надежность нашего тысячелетнего опыта Тождественного и Иного*» – это смех одного из самых мощных теоретиков культуры в XX-м веке. Смех, ничего общего не имеющий с копеечным юмором и сатирой, которыми, в частности, заполнено пространство русского языка, стагнирующего под пятой сменяющих одна другую диктатур. Своим творчеством, и, в частности, книгой «Исчисления и установления» Пригов (1941 – 2007, Россия) значительно расширил область этого грандиозного, эпохального смеха в мировой культуре.

25. Свобода слова в языке без границ

Словосочетание «свобода слова» чаще всего связывают с порядками в той или иной стране, поддерживающими (в демократических странах) либо подавляющими (в странах с диктаторскими режимами) свободу людей выражать свои мысли публично. Именно эту свободу в свое время восславил Пушкин, призывая «милость к падшим», обращаясь к Николаю Первому.

Однако, существует другая свобода слова, свобода которую не способен подавить ни один диктаторский режим, – свобода человека по своей воле давать имена вещам, образующим его собственную жизнь, чтобы, пользуясь этими именами, строить отношения с теми, с кем его сталкивает судьба. Именно на этой свободе делает акцент Пригов своей жизнью и творчеством. *Каждый человек* с момента рождения пользуется этой свободой, переживая разные стадии возникновения и развития личного языка, используя фрагменты языка, воспринятые от окружающих как данность.

Нужно родиться Мишелем Фуко, чтобы внимательным юношей, пережив ужасы второй мировой войны во Франции, обрести способность смеяться тем смехом, что вызвал к жизни книгу «Слова и вещи».

Нужно родиться Приговым в начале той же войны, пережить под колпаком тоталитарной советской пропаганды свой собственный по-детски доверчивый наивный сталинизм, а затем полярно противоположный по содержанию, но не менее тоталитарный абсолютизм интеллектуальных элит в утверждении власти «Истинного», «Прекрасного», «Духовного», «Нетленного», чтобы в зрелом возрасте не только в полном объеме осознать драму отношений между словами и вещами в языке без границ, но и воплотить эту драму в своем творчестве.

Драма отношений между словами и вещами, словами и событиями в жизни людей, сопряженная со свободой слова в языке без границ, классическая по природе. Представляющие такую драму коллизии не сводятся к проблемам, которые можно решить, применяя различения типа «истина-ложь», «прекрасное-безобразное», «добро-зло». Невозможно, потому что неустранимо то, что порождает драму – свободная воля людей в выборе начал, противостоящих друг другу в тех же дилеммах «истина-ложь», «добро-зло», «моральное-аморальное» и т.д.

Самое большее, что способен сделать человек, не облеченный властью и не стремящийся к ней, но озабоченный событиями, которые диктует свободная воля его сограждан в окружающем его сообществе – правдиво описать драму, которая возникает как результат свободного выбора его сограждан в обыденных действиях относительно друг друга.

В древней Греции одним из таких людей стал Софокл (V век до н.э.), в трагедии Царь Эдип показавший согражданам, что именно драма управляет миром людей. Современная версия этой трагедии – фильм Царь Эдип

(1967). Его режиссер Пазолини (1922-1975) принадлежит тому же культурному поколению Европы, что и Фуко.

В своих «Азбуках» Пригов демонстрирует свободу в отношениях слов и вещей в языке без границ как классическую драму, культурную *данность* (*не ценность*!). Замечу, что стратификация живых существ в рассказе Борхеса, вызвавшая к жизни книгу Фуко «Слова и Вещи», выполнена в стиле азбуки. Вот «Тридцать третья азбука истинных имен, 1985», где даны «истинные» и «неистинные» имена вещей смысловые коннотации с вкраплениями четких либо размытых конвенций истины:

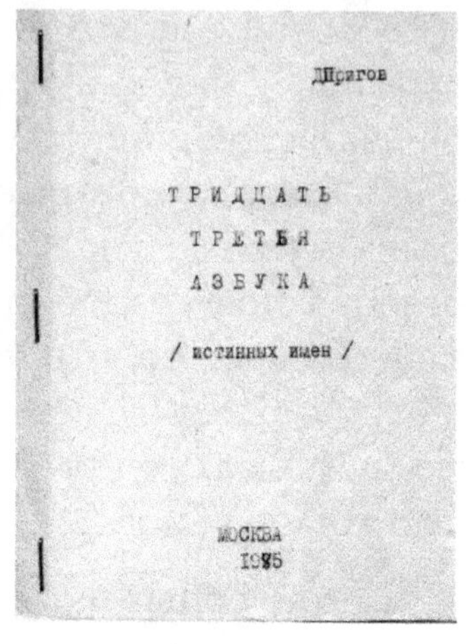
Д.Пригов

ТРИДЦАТЬ ТРЕТЬЯ АЗБУКА

/ истинных имен /

МОСКВА
1985

Абулькар – истинное имя стола
Безумшин – истинное имя дома
Валуан – истинное имя воды
Говно – истинное имя говна
Дерьмо – неистинное имя говна
Еврей – неистинное имя жида
Жид – истинное имя еврея
Забор – истинное имя зендбара
И-и-и – истинное имя иштвраца
Крокодил! – истинное имя женщины
Луна – истинное русское имя луны
Муун – истинное английское имя луны
Ноопсуам – мое истинное имя луны
Опрст – истинное алфавитное имя луны
У-у-у-у- – это истинное имя луны
Фарес – это истинное имя одной вещи
Хтекел – это истинное имя другой вещи
Цмене – это истинное имя третьей вещи
Чфарес – это неистинное имя вещи, но истинное имя времени вещи
Штекел – это неистинное имя и вещи и времени вещи
Щмене – это просто неистинное имя
Ы – это истинное имя Ы
Э – это истинное имя Э
Ю – это истинное имя Ю
Я – это истинное имя просто

По форме это имитация «алфавитного словаря»: слева – «слова» и буквы, приравненные к словам, справа – значение каждого «слова», причем половина этих «слов» – не существуют в качестве лексических единиц какого-либо языка, в том числе русского.

Предуведомление к Азбуке декларирует разные варианты «истинного» либо «неистинного» отношение между словами в роли «слов» (слева) и в роли «вещей» (справа):

Пригов: Предуведомление. Можно звать вещь, обзывать, призывать, обходить, отрицать, бить, поносить, оставляя ее безответной. Но тонкий, слабый укол в болевую её точку вдруг вскинет всю вещь, заставит затрепетать ее всем организмом, вскидывая руки и ноги, взывая неведомым досель голосом – это и есть назвать вещь истинным именем.

Это гуманитарная интервенция в пространство нормативной культуры.

Веер ассоциаций у читателей потенциально неограничен. От суждений вроде «бессмыслица», «абсурд», «заумь» до тончайших философских рассуждений о понятиях «Истина» и «Ложь», комментариев относительно «означающих» и «означаемых» с позиций структурной лингвистики, ассоциаций с историей о царе Валтасаре из книги Пророка Даниила, и т.д. «Правильных» и «неправильных» среди них нет.

Присоединяя своё внутреннее ли, внешнее «я» к тексту Азбуки в связи с тем, что он видит в этом тексте, каждый читатель прав в своих представлениях о Пригове, его персональном сознании (я, очевидно, не исключение). Разночтения в мнениях неотвратимы: таков Пригов. Провоцируя обсуждения, в том числе полемические, он побуждает читателей ощутить конвенциональность «истинности» либо «неистинности» как в определении того, что есть «слово», так и в соотнесении «слов» с их «значениями». Это, насколько могу судить, один из мотивов, побудивших Пригова создать конкретно эту Азбуку. Утверждение, что любая истина в гуманитарном языке есть тип конвенциональности — базовая аксиома в его картине мира.

26. Что есть истина: аксиома Пригова

Примечательно, что в окружающей людей Природе нет дилеммы «истина – ложь». Природа никогда не лжет, во всех проявлениях демонстрируя бытие, которое не может быть ложным. Не лгут животные. Они могут ошибаться, неверно оценивая события, проявлять коварство, завлекая жертву, но лгать не могут, поскольку всем, что от них исходит, свидетельствуют только о себе. Лишь человек способен лгать или говорить истину, оценивая как истину либо ложь то, что говорит другой человек.

Одна из гуманитарных аксиом, которым неукоснительно следовал в своем творчестве Пригов, определяет истину так: *истина – это тип конвенциональности.*

Пригов: Я проповедую privacy, суверенитет личности, равности возможностей проявления бытового и идеологического… <…> … я отстаиваю возможность не подчиняться никаким тотальным идеям и идеологиям. Любой взгляд претендует на истинность; моя задача – вскрыть любой взгляд не как истину, а как тип конвенциональности. В этом отношении, конечно, для людей, предпочитающих тотальные идеологии, системы общности, я опасен, поскольку рассматриваю их как некую конвенцию, а не как истинное говорение. Причем делаю это в пределах культуры. Церковь как культурный институт есть одна из конвенций. Если люди говорят, что есть некие высшие истины, это их право, я не претендую убедить их в моей правоте. Просто я считаю, что в пределах культурного общения не существует никакого преимуществования некой идеи, которое могло бы всех заставить в нее поверить, потому что любая идея – большая или меньшая конвенция.[86]

[86] Д. Пригов, С. Шаповал «Портретная галерея Д.А.П.», Москва, НЛО, 2003, стр. 104.

27. Истины личностные и надличностные

В булгаковском «Мастере…» есть диалог:

Пилат: Зачем же ты, бродяга, на базаре смущал народ, рассказывая про истину, о которой ты не имеешь представления? Что такое истина?»

Иешуа: Истина прежде всего в том, что у тебя болит голова, и болит так сильно, что ты малодушно помышляешь о смерти.[87]

Булгаков подсказал один из способов выразить то, с чем каждый так или иначе сталкивался по жизни: истины бывают личностные и надличностные. Личностные существуют только по воле людей. Надличностные существуют независимо от воли людей. Пример личностной истины – ответ Иешуа на вопрос Пилата. Пример надличностной истины – любой фундаментальный физический закон, неукоснительно соблюдаемый в Природе при четко заданных условиях. Например, закон сохранения энергии.

Причина двойственности истин известна с глубокой древности. Причина эта – двойственность мира: мир

[87] М. Булгаков. Мастер и Маргарита. Москва, «Художественная литература», 1973, стр. 441.

существует в двух ипостасях: в сознании людей и вне него. Но еще древние заметили парадоксальное свойство этой двойственности: она есть и ее нет одновременно, потому что *мир, существующий вне сознания, существует тоже только в сознании*. Дилемма не имеет строгого надличностного разрешения, благодаря чему существование мира вне сознания было во все времена предметом жарких споров. Пригов, комментируя эти споры, пользуется аллюзиями на общепринятую в русском языке непарламентскую лексику исключительно с целью максимально точно и доходчиво выразить свою мысль.

Пригов: Киники-циники
Ели вареники
А неоплатоники
Бегали в тунике -
Ах же вы эники
Мать вас ебеники!
Им пролетарские
Говорили письменники
Из будущего

Но с глубокой древности существует паллиативное разрешение парадокса, которое со времени Кеплера и Галилея и до наших дней принято считать единственным надежным способом строить современные точные знания о мире. Это решение постулирует понятие *надличностных фактов*, противоречить которым должен себе запретить всякий, кто хочет, чтобы его мысли были в согласии с миром Природы. Лишь истины, которые находятся в согласии с надличностными фактами, могут получить статус *надличностных*, и служить основой строго научных знаний о мире. Личностные истины, которые не имеют статуса надличностных, неспособны быть такой основой.

Люди, создавшие интернет, гаджеты, робот Rosetta (spacecraft), опустившийся на комету Чулимова-

Герасименко, и еще много чего, представляющего современную цивилизацию, смогли сделать все это только потому, что владеют знаниями о мире, добытые теми, кто свою личностную волю всецело подчинил фактам, которые демонстрирует Природа. Инженеры, техники, конструкторы могут создавать дома, мосты, дороги, самолеты только опираясь на надличностные знания и надличностные факты. Суть конвенций, позволяющих отличить надличностные истины от истин, которые не являются таковыми, наилучшим образом выражает девиз Лондонского королевского общества Nullius in verba: слова не имеют значения, если речь идет о фактах, с которыми люди имеют дело в диалоге с Природой.

Очень интересно, что *все* надличностные истины рождались и рождаются только при поддержке гуманитарного языка и только в качестве истин личностных, которые приобретают статус истин надличностных в кругу профессионалов.[88] В языке гуманитарном любые надличностные истины имеют свое языковое воплощение, даже если для их строгого описания специалисты используют суперрафинированный язык (скажем, физико-математический), малодоступный для многих и вовсе недоступный профанам. Иными словами, всякая надличностная истина в гуманитарном языке является личностной, и это также чрезвычайно интересно. При том, что, разумеется, не всякая личностная истина является надличностной.

Оба типа истин подчиняются гуманитарной аксиоме Пригова *«истина – это тип конвенциональности»*. Свою

[88] Надличностные, имперсональные знания рождаются как знания персональные, личностные. Это подробно объяснил Michael Polanyi (1891-1976) в книге M. Polanhi, Personal Knowledge: Towards a Post-Critical Philosophy, где он в этой связи детально излагает и комментирует историю создания эйнштейновской теории относительности. Он написал эту книгу, будучи профессором в Манчестерском университета и членом Мертон-колледжа в Оксфорде, где нашел пристанище после бегства из гитлеровской Германии.

жизнь во всех своих амплуа Пригов посвятил исключительно гуманитарному языку, твердо убежденный, что именно гуманитарный язык есть основа всему, в том числе всем научным знаниям. В этом, с моей точки зрения, он безусловно прав.

28. Рекурсивность истины и свобода воли

Аксиома Пригова *истина есть тип конвенциональности*, сама по себе *тоже тип конвенциональности*. Истина, определяющая, что есть истина, естественно, подпадает под то, что сама провозглашает. Иными словами, определение истины, данное Приговым рекурсивно в том смысле, что оно в себе содержит себя, которое содержит себя, которое … и так далее без ограничений. Замечательная метафора этой рекурсии – фотография-автопортрет справа: Пригов, речь которого бесконечная последовательность вложенных друг в друга Приговых, каждый из которых говорит свое оставаясь при этом одним Приговым.

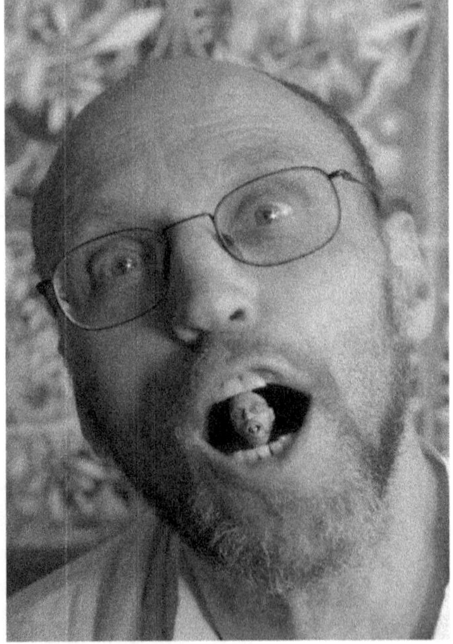

Пригов: Вот Бао Даю сон приснился
Как будто деве молодой
Приснился некий Бао Дай
И к ней немедленно явился
И молвит ей: о, молодая
Я первый ведь тебя приснил
Потом уж ты по мере сил
Себе приснила Бао Дая
Во сне моем

Та же тема в изящном эссе Борхеса «Everything and Nothing», посвящённом Шекспиру. Эссе заканчивается так: «История добавляет, что накануне или после смерти он предстал перед Господом и обратился к нему со словами: – Я, бывший всуе столькими людьми, хочу стать одним – собой. – И глас Творца ответил ему из бури: – Я тоже не я; я выдумал этот мир, как ты свои созданья, Шекспир мой, и один из призраков моего сна – ты, подобный мне, который суть все и никто.»[89]

Причина рекурсивности – свободная воля, которой в языке наделен каждый человек, из-за чего любая гуманитарная истина – личностная, что, в свою очередь, со сменой поколений приводит к укреплению и коррекции либо к разрушению конвенциональности, представляющей любую конкретную истину в сознании каждого единственный раз живущего человека.

[89] Х.Л.Борхес, Everything and Nothing, перевод Б. Дубина. В кн. Хорхе Луис Борхес. Проза разных лет. Москва, «РАДУГА», 1984, иге «Делатель», 1960.

29. Язык без границ: аксиомы Бахтина-Пригова

По Бахтину, язык человека — это непрерывный диалог, обмен репликами с людьми и миром. Бахтин утверждает, что первоэлементы языка - не *слово* и *предложение*, как принято считать, а *высказывание* понимаемое функционально как *реплика в актуальном или потенциальном диалоге* между людьми.

Следуя Пригову, можно назвать это *аксиомой Бахтина*.

> ***Бахтин:*** Единица речи – высказывание. Всякое высказывание по природе своей есть реплика диалога… <…> Речь — это язык in actu. Недопустимо противопоставление в какой бы то ни было форме языка и речи. Речь так же социальна как и язык. Формы высказываний также социальны, определяются общением, как язык.[90]

Начало и конец реплики всегда имеет социальный, жизненный смысл, привязанный к конкретным моментам речи.

---

[90] М. Бахтин, Из архивных записей к работе «Проблема речевых жанров», в кн. М.М. Бахтин, Собрание сочинений, т.5, Москва, «Русские словари», 1996, стр. 212.

Начало реплики маркирует начало речевой (а значит и социальной) активности конкретного участника диалога. Окончание реплики маркирует завершение состоявшейся активности, одновременно побуждая собеседника к ответной реплике (которая, в частности, может означать желание собеседника завершить диалог).

> ***Бахтин:*** Всякое высказывание диалогично, т.е. адресовано другим, участвует в процессе обмена мыслями, социально. Абсолютного монолога – выражения индивидуальности – нет, это – фикция философии языка, выводящей язык из индивидуального творчества. Язык по природе своей диалогичен («средство общения»). Абсолютный монолог, который был бы языковым монологом, исключается самой природой языка.[91]

Бытие языка без границ заключено в диалогах. Диалогичность может быть подавлена. Но она никогда не исчезает. Абсолютный монолог – фикция: всякое высказывание — это реплика в диалоге определенного типа.

Образы внешнего мира, фиксируемые органами чувств, суть реплики диалога, который мир ежесекундно ведет с любым человеком. Осознание себя – тоже диалог с образами себя в собственном сознании.

Если перейти к терминологии Пригова, диалоги воплощают драму бытия речи и текстов, в лоне которой конвенции, образующие язык без границ, как и люди, рождаются, закрепляются либо слабеют и умирают. В сжатом виде это можно выразить как следствие следующих двух аксиом, дополняющих гуманитарную аксиоматику Бахтина и Пригова:

---

[91] Там же, стр. 213.

1) *Язык без границ – это совокупность конвенций соединяющих каждого человека с многочисленными сообществами* [92].

2) *Назначение диалогов – создание, укрепление или, напротив, разрушение и гибель конвенций, порождающих язык без границ.*

[92] Курт Воннегут в «Колыбели для кошки» (Cat's Cradle, 1963) называет подобные сообщества «карассами» (karass), «дюпрассами» (duprass) и «гранфаллонами» (granfalloon).

30. Три типа конвенций. Познаваемость языка без границ

Пригов работал в языке без границ, который предстает набором гигантского количества конвенций. Арена, на которой эти конвенции существуют – сознание всех людей, живущих на Земле. Как утверждает сайт World Population Clock, сегодня, 6 марта 2017 года, этих людей без малого семь с половиной миллиардов.

Вопрос: доступен ли язык без границ познанию для любого человека из семи с половиной миллиардов? Ответ: как целое – не доступен.

Ни один человек на Земле из тех, кто жил раньше, живет сейчас и будет жить в будущем не может знать язык без границ во всем его объеме. Более того, ни один из живущих не знает и в принципе не может знать в полной мере персональный язык без границ, которым владеет любой другой человек на Земле.

Есть другой вопрос: среди конвенций, представляющих язык без границ любого конкретного человека на Земле существуют ли такие, которые в принципе доступны познанию любого другого человека на Земле? Ответ: безусловно да, такие конвенции существуют.

Есть три типа конвенций, разных по функциям в языке, численности и доступности для познания.

Первый тип: нормативные конвенции. К ним относятся конвенции, образующие в любом национальном языке или диалекте нормативную основу языка без границ: лексику, семантику, грамматику, речевые и смысловые клише и т.д.

Дети начинают осваивать конвенции этого типа, с рождения, «с нуля», вступая в диалоги с окружающими. В возрасте от одного до трех лет они осваивают минимальное количество таких конвенций, необходимое, чтобы окружающие могли сказать: «ребенок начал говорить».

Конвенции этого типа познаваемы с любой степенью глубины. Наиболее сведущие в знаниях такого рода те, кто профессионально изучает этот тип конвенций по доступным наблюдению фактам, а также словарям, руководствам, учебникам. Это лингвисты, создатели словарей, руководств, учебников. Это учителя, специалисты в области языкознания.

Но в каждый момент времени знание конвенций этого типа, которым располагает любой конкретный человек, никогда не охватывает совокупность всех реальных конвенций, которыми живет язык без границ в тот же момент времени. Нормы лексики, семантики, грамматики меняются медленно, но все же меняются, так как язык используют и одновременно развивают все его носителями, без исключения. И нет такого человека, который способен знать все конвенциональные нормы, которым следуют люди в локальных сообществах внутри любого из тысяч национальных языков и диалектов.

Второй тип: **персональные конвенции**. Это самые многочисленные по численности конвенции. В каждом человеке они представляют его личный персональный язык без границ. Каждый может знать *только свои персональные конвенции, сформированные в диалогах с другими людьми.* Среди них есть конвенции, которые человек считает «знаниями о других людях», основанными на личном опыте диалогов с этими людьми. Они помогают человеку строить свое поведение в отношениях с другими людьми. Но это не то, что каждый из нас *знает*, а то, что «*думает, что знает*». Конвенции этого типа доступны сознанию того, кто ими владеет, и вместе с тем полностью непознаваемы никем другим. Причина: *любой человек не в состоянии познать сознание какого-либо другого человека в той же мере, в какой ему доступно его собственное сознание.*

Язык без границ, представленный конвенциями второго типа, как целое непознаваем.

Это утверждение я называю *принципом непознаваемости*. Пользуясь терминологией Пригова, я могу сказать, что этот принцип есть лично моя конвенция, которая представляет мой язык без границ и в моей картине мира играет роль моей личной гуманитарной аксиомы.

Считал ли это Пригов своей аксиомой? По всему, что я мог видеть в общении с ним, ответ «да». Но это не то, что я *знаю*, а то, что *думаю, что знаю* о Пригове. Потому что в моей картине мира Пригов не познаваем мной, также, как я – в его картине мира. На этом строились наши отношения.

Третий тип: конвенции относительно истин, выражающих надличностные факты, которые представляют универсальные функции мозга, поддерживающие язык и сознание человека со стороны генома. Эти конвенции *познаваемы полностью*.

Критерий познаваемости тот же, что выражен девизом Лондонского королевского общества Nullius in verba.[93]

Говорить так о языке без границ, типах концепций и их познаваемости как о свойстве приговской картины мира от имени исключительно своего «я» меня побуждает Пригов. Побуждает уверенностью, которую я безоговорочно разделяю: то, что человек (он, я, кто другой) считает истиной это всегда истина личностная, персональная. Разумеется, никто никому не может запретить думать, что его истина заслуживает быть принятой в качестве истины другими людьми. Но решить, так ли это, могут *только эти другие люди*, сами, по своей воле, *больше никто*.

---

[93] Детали, а также теоретические и практические выводы, касающиеся этого типа конвенций, изложены в книге С.В. Чесноков «Феноменология диалогов в гештальт-теории, математике, логике» Москва, 2009, 2013. Текст книги в формате PDF доступен на сайте https://sergeichesnokov.wordpress.com/, раздел «Тексты», пункт «4. НАУКА».

31. Природа семантической свободы: «теория глагола» Фуко

В своих работах Пригов, формируя «пространство жития текста», «драматургию текста, читателя и автора», демонстративно использует свободу смысловых связей между элементами текста, которую язык без границ обеспечивает и защищает всем своим строем. Фундамент этой свободы разъяснил Фуко в книге «Слова и Вещи». Вот отрывок из этой книги, который представляет собой центральный пункт этого разъяснения[94]:

Фуко: Предложение – и речь – имеется тогда, когда между двумя вещами утверждается атрибутивная связь, когда говорят, что это *есть* то [95]. Весь вид глагола сводится к одному, который означает *быть*. Все остальные глаголы тайно выполняют эту единственную функцию, скрывая ее маскирующими определениями: в них скрыты определения, и вместо того, чтобы сказать «я есть поющий», говорят «я пою»; здесь же добавляются и указания времени, и вместо того, чтобы говорить «когда-то я есть поющий», говорят «я пел». Наконец, в некоторых

[94] M. Foucault, LES MOTS ET LES CHOSES (une archeologie des sciences humaines), 1966, CALLIMARD, Paris; Русский перевод: Мишель Фуко, СЛОВА И ВЕЩИ (археология гуманитарных наук) 1994, A-cad, СПб, стр. 127-128.

[95] Ссылка Фуко. Condillac. Grammaire, Paris,1803, p. 115.

> языках глаголы интегрировали само подлежащее, так, например, римляне говорят не ego vivit, но vivo. Все это не что иное, как отложение и осаждение языка вокруг и над одной словесной, абсолютно незначительной, но существенной функцией; «имеется лишь глагол «быть»..., пребывающий в этой своей простоте»[96].

Человеческий язык без границ, отличный от знаковых систем, которыми пользуются животные, стал возможен только благодаря фундаментальному глаголу «быть», обозначающему в чистом виде идею бытия, – констатирует Фуко, развивая идеи авторов Логики Пор-Рояля и Кондильяка.

Возникновение этого уникального языкового объекта в сообществе наших далеких предков ознаменовало начало становления человеческого языка, человека мыслящего, а с ним и человеческой цивилизации. Благодаря этому колоссальному по последствиям событию возникли и получили развитие части речи, грамматические функции речи и письма вместе с характерными только для людей способами коммуникации, передачей знаний и мыслей от человека к человеку. Наряду с категорией «настоящего» появились категории «прошлого» и «будущего», вследствие чего, в свою очередь, появились и стали развиваться человеческие сообщества, объединенные каждое своим языком, появились формы сознания, в которых стали ментальной реальностью представления об «истории», «исторической памяти», «культуре», возникли и получили развитие институты власти, поэзия, литература, театр.

---

[96] Ссылка Фуко. Цитата, приведенная им, из Логики Пор-Рояля: Logique de Port-Royal (La Logique, ou L'art de penser, Paris, 1752. Русский перевод: А. Арно и П. Николь. Логика или искусство мыслить, 1991, Наука, Москва, см. Вторая часть, Глава II О ГЛАГОЛЕ, стр. 106-112).

Каждый носитель языка волен в своем сознании произвольно связывать между собой любые образы, не заботясь о том, соответствуют они чему-либо во внешнем мире или нет. Волен сообщать об этом другим людям, связывая сущности, бытие которых невозможно вне сознания человека. Это и есть свобода в языке без границ, которой каждый носитель языка владеет, оперируя своим языком внутри себя и в отношениях с другими людьми.

32. Стихограммы: язык графики в языке текста

С конца 60-х на фоне драматургии, которую Пригову демонстрировала окружающая жизнь, его стала стеснять ограниченность собственного поэтического языка, восходящего к философии и эстетике серебряного века. Особенно остро он переживал это на фоне языка и выразительных возможностей современного изобразительного искусства, которые он знал как профессиональный скульптор и график. Он пришел к необходимости реформировать свой поэтический и литературный язык. Понять, в чем должна состоять реформа, Пригову помог английский театр, организованный в МГУ его женой Надеждой Буровой. В жизни этого театра он с конца 60-х до середины 70-х играл активную роль.

Любой текст — это посредник в общении людей. Вне сознания любой текст лишь мертвый артефакт. Текстом он может стать только в сознании автора или читателя.

Характерную драматургию текста, читателя и автора того времени иллюстрирует анекдот, возникший в СССР в год 100-летия Ленина (1970). Человек в книжном магазине спрашивает у продавца, нет ли хорошей книжки для ребенка. Есть, - отвечает продавец, она называется «Наш большой и добрый друг». Нет, – говорит человек, – этой книги мне не надо. – Да это не то, что вы думаете, – отвечает продавец. – Это про слона.

Тексты, отравленные идеологическими клише советской пропаганды, деформировали язык. Присутствуя в микродозах (один-два требуемых цензурой процента текста на роман, повесть, пьесу, философский трактат), яд идеологических клише отравлял сознание читателей подобно тому, как опасные вирусы, составляя ничтожную часть организма, внедряясь в клетки, поражают страшной болезнью изначально здоровый организм.

Но языковой яд не был особенностью только идеологически выверенных текстов. Тексты культуры, противостоящей советским порядкам, были также пропитаны ядом власти, но власти другой, выступающей от имени культуры, которая позиционирует себя как носитель «истинной правды», «высших ценностей», «красоты, которая спасет мир», «литературы, которая научит людей правильно жить» и т.д. Это было (и остается в России до сих пор) одной из доминирующих стратегий языкового поведения деятелей культуры и искусства. Пригов назвал это «тоталитарностью языка культуры». Необходимость изгнать любые проявления тоталитарности из своего собственного поэтического языка стала для Пригова мощным дополнительным стимулом к тому, чтобы реформировать свой поэтический язык.

Началом реформы, которую Пригов счел для себя столь же необходимой, сколь неизбежной, стали стихограммы.

Справа, пример, – стихографическая картина: поэтапная драматургия жизни человека. Маленький текстовый спектакль, где время идет в направлении «сверху-вниз». Начало – фраза «Как я весел! Как я мил!». Частота её появлений увеличивается, быстро превращаясь в хаотическое нагромождение наложенных друг на друга буквенных и словесных фрагментов. Их масса вскоре начинает испытывать двустороннее давление словосочетания «СМЕРТЬ РЯДОМ». Теряя очертания и уплотняясь, масса букв в конце концов превращается в неясное слово, которое в итоге становится словом СМЕРТЬ, зажатым с двух сторон словом «рядом».

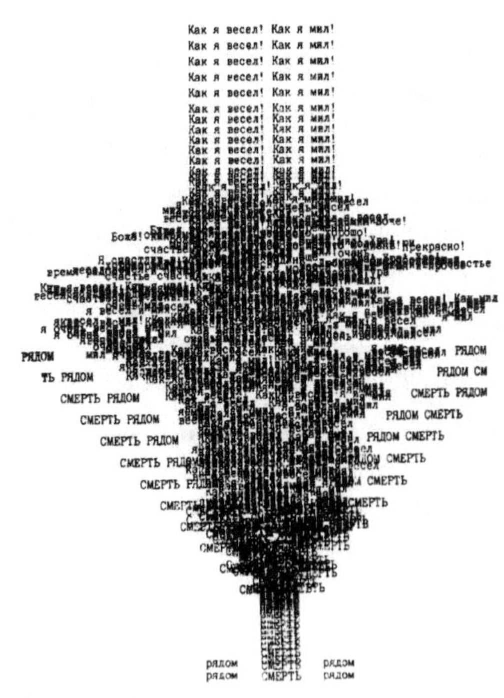

Стихограмм много. Каждая – отдельный спектакль, со своим графическим сюжетом и фабулой. Новации Пригова в объединении языка графики и языка без границ – это большой разговор. Здесь только некоторые штрихи. Графический театр: сцена – лист бумаги, действующие лица – разнообразные фрагменты текста. Меняясь и частично сохраняя нормативную грамматическую структуру, они одновременно формируют новую грамматическую структуру изображения, создавая ею вариации смысла на тему «житие текста», будируя появление этих вариаций в сознании читателей-зрителей. А все же – читателей или зрителей? – Вот что говорит по этому поводу Пригов в предуведомлении к серии стихограмм, включая приведенную выше, называя их «листами Стихографии»:

> ***Пригов*** *(Предуведомление)*: Предлагая вниманию читателя..., нет, вернее, зрителя..., нет, всё же – читателя... Вот видите, мое минутное колебание и всё же предпочтение читателя зрителю реально отражает как явную амбивалентность этих произведений, так и невозможность точного определения сферы их бытования. Но всё же...
>
> Листы Стихографии не представляют собой, хочу предупредить сразу и со всей определенностью, образцы графической поэзии или аналогию криптограммам. Они прежде всего есть динамика, столкновение живущих текстов, что воспринимается только в чтении как процессе. И за образцы они имеют себе не предметы изобразительного искусства, а всю культуру официальных и бытовых текстов от газетных лозунгов и шапок до бюрократических циркуляров и прописных истин. Графическая же их сторона есть неизбежный результат языковой структуры, положенной на бумагу. Возникающие в результате этого градация тональности и графические построения делают возможным воспринимать их и как произведения изобразительного искусства. Но, воспринимаемые исключительно таким образом, они теряют в содержательности примерно процентов семьдесят, а то и восемьдесят (трудно, конечно, как вы сами понимаете, с точностью определить процентное соотношение текстового и графического содержания. Да и не в этом дело, это – так, к слову). Но, в принципе, я не против экспонирования их в качестве листов. Это тоже их жизнь....

Фрагментация текста, разбиение его на части с одновременной графической перекомпоновкой частей, параллельная множественная переадресация внимания читателя и зрителя, – все это, будучи осмысленным артистическим действием, стало одновременно своеобразным эстетическим напоминанием о ранних стадиях зарождения письма, когда человеческая мысль, побуждаемая практикой жизни, явила описательно-изобразительные приемы, подобные древнеегипетскому и ацтекскому письму. То был период, когда рисунки постепенно стали обретать протограмматические функции, демонстрируя отчетливо выраженную функциональную близость между изображениями людей, вещей, событий, – с одной стороны, и последовательностями рисунков, принимающих на себя роль узнаваемых письменных знаков в древнейших формах языка без границ, – с другой[97].

Стихограммы появились в середине семидесятых, знаменуя начало приговского мегапроекта, предшествуя (что важно!) формированию сообщества московских концептуалистов в конце семидесятых – начале восьмидесятых, о котором Пригов говорил как о «времени становления», «фундаментальном периоде для российского современного искусства, сравнимого по значимости с 1910—20-ми годами российской истории – для людей, тогда работавших, и для последующих» [98].

[97] См. I.J. Gelb, A Study of Writing (revised edition) Univ. of Chicago Press, Chicago & London, 1963. Русский перевод: Гельб И.Е., Опыт изучения письма (основы грамматологии) Москва, «Радуга», 1982, стр. 78 и далее.

[98] "Дмитрий Александрович Пригов – Гриша Брускин", в кн. Неканонический классик: Д.А. Пригов, Москва, НЛО, стр.30-31.

33. Театр как мир

Шекспир сказал: «весь мир – театр»[99]. Мир очевидно демонстрирует свойства театра. Но классический театр лишь метафора мира. Борхес объяснил, почему. В классическом театре перевоплощение – основа актерского ремесла. Без этого нет «правды жизни». Подчиняясь режиссеру, актер на сцене обязан полностью «убрать себя», дабы явить собой «другого». В этом суть классического театра (и классических форм искусства вообще). Шекспир, явил предельную форму перевоплощения, стал непревзойденной вершиной классического театра.

Борхес: Двадцати с чем-то лет он (Шекспир – СЧ) прибыл в Лондон. Помимо воли он уже наловчился представлять из себя кого-то, дабы не выдать, что он – никто; в Лондоне ему встретилось ремесло, для которого он был создан, ремесло актера, выходящего на подмостки изображать другого перед собранием людей, готовых соображать, словно они и впрямь считают его другим. Труд гистриона принес ему ни с чем не сравнимую радость, может быть первую в жизни; но звучал последний стих, убирали со сцены последний труп – и его снова переполнял отвратительный вкус нереальности. Он переставал быть

[99] Шекспир, "Как вам это понравится», акт II, сцена 7.

Феррексом или Тамерланом, и опять делался никем. От скуки он взялся выдумывать других героев и другие страшные истории. И вот, пока его тело исполняло в кабаках и борделях Лондона то, что положено телу, обитавшая в нем душа была Цезарем, глухим к предостережениям авгуров, Джульеттой, проклинающей жаворонка, и Макбетом, беседующим на пустыре с ведьмами, они же - богини судьбы. Никто на свете не бывал столькими людьми, как этот человек, сумевший, подобно египетскому Протею, исчерпать все образы реальности. Порой, в закоулках того или иного сюжета, он оставлял роковое признание, уверенный, что его не обнаружат; так Ричард проговаривается, что он - актер, играющий множество ролей, Яго роняет странные слова «я - это не я». Глубинное тождество жизни, сна и представления вдохновило его на тирады, позднее ставшие знаменитыми.[100]

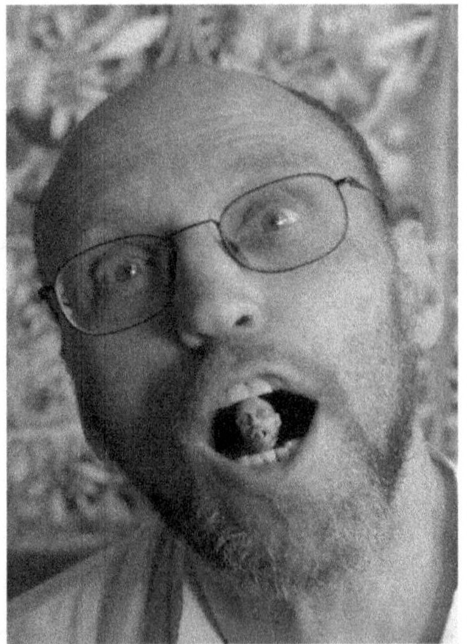

Пригов явил собой новый театр, театр языка, представляющий не «чью-то жизнь», а свою собственную в ее отношениях с самим собой и другими людьми.

На фотографическом автопортрете (привожу его еще раз), Пригов представил себя как бесконечную последовательность вложенных друг в друга Приговых. Начиная со второго, все они являют язык, исходящий из гортани оригинального Пригова. Точная метафора языка без границ.

[100] Х.Л.Борхес, Everything and Nothing, перевод Б. Дубина. В кн. Хорхе Луис Борхес. Проза разных лет. Москва, «РАДУГА», 1984, иге «Делатель», 1960.

Пригов: Ведь поэт что твоя птаха
Все равно все выйдет прахом
Там из переда ль, из зада
Свое, чужое ли

Каждый из вереницы «приговых» воплощает язык Пригова, оставаясь полностью идентичным только Пригову и никому иному. Ни одного, кто был бы отличен от первоначального Пригова. Ни одного иного, чем он сам. Никаких царей, королей, и прочих персонажей.

В современной культуре «маятник классического театра» качнулся в сторону пьес, где актеры получают мировое признание, оставаясь собой и только собой, фактически представляя только себя, свое собственное поведение в отношениях с окружающим миром.

Благотворный процесс. Расширяя пределы существования классического театра и, боже упаси, не упраздняя его, этот процесс породил современный театр как перформанс, где искусство требует от актера быть собой, без прикрас, неповторимым в той же мере, в какой неповторим любой живущий.

Мандельштамовский императив «Не сравнивай, живущий не сравним» превращается в простую фиксацию поликультурной реальности, а шекспировская метафора «весь мир — театр» становится констатацией общедоступного факта.

Амплуа и жанры, в которых работал Пригов, многочисленны: философия, теория повседневного языка, поэзия, крупные и малые литературные формы, графика, скульптура, перформанс, инсталляция, опера, пение. Перформанс — лишь одна из позиций в этом перечне. Но именно идея перформанса, как действия, в котором он как актер, режиссер и автор пьесы выступает в одном лице, сохраняя полную идентичность со своей собственной жизнью, объединяет все творческое наследие Пригова в единое целое.

К идее перформанса, как основы своего индивидуального театра, Пригов пришел независимо, не будучи даже знакомым со словом «перформанс», еще в начале 70-х, когда участвовал в работе английского театра МГУ. О том, как это произошло, он рассказал в интервью Андрею Зорину в начале 90-х.

Зорин: Есть две ипостаси, в которых вы себя отрефлексировали, – поэта и художника. А как актера вы себя не можете отрефлексировать? Свой индивидуальный театр? Никогда не ощущали себя артистом?

Пригов: Что значит – «не ощущали»? Я лет десять руководил театром в МГУ, играл, и писал, и режиссировал.

Зорин: Я не знал этой детали вашей биографии. Что вы ставили? Свои произведения?

Пригов: Такие "волапюкные" пьесы, помесь Шекспира с собой.

Зорин: А тексты существуют?

Пригов: Нет, ну зачем, это же все на конкретных исполнителей писалось. Скажем, мы ставили «Укрощение строптивой», ясное дело, никто не мог сыграть сложной роли, поэтому мы разбивали каждую на десять ролей, вводили новых персонажей.

Зорин: Когда это было?

Пригов: С 1966-го по 1976-й, или с 1968-го, я точно уже не помню. В определенный момент я почувствовал, что либо надо заниматься этим предельно серьезно, чтобы выйти на какой-то уровень понимания и свободы, либо надо бросать. Я решил бросить. А потом мне показалось, что лучшее театральное искусство – это вывести на сцену портного, который бы два часа шил какую-нибудь вещь. Это и есть лучший театр. Для меня лучшим театром были наши поэтические чтения, когда в качестве актера выступал человек в своей профессиональной функции.[101]

Как о «лучшем театральном искусстве» и «лучшем театре» Пригов здесь, очевидно, говорит о перформансе, не употребляя слова «перформанс».

В обычном театре драматург пишет пьесу, режиссер ставит спектакль (распределяет роли, определяет рисунок мизансцен), актеры работают каждый над воплощением порученного ему персонажа. Три профессии. В любом из своих многочисленных амплуа Пригов соединяет эти три начала. Он драматург, режиссер и актер, в одном лице. Способ совмещения ролей уникален и непривычен для российской культуры. Себя, свои собственные устремления он реализует как драматург и режиссер, через драматургию отношений между имиджами и языками описания, которые он отбирает в качестве языковых персонажей своего театра. Давая возможность этим персонажам выразить себя в полемическом противопоставлении друг с другом, сам он не входит в полемику между персонажами, относясь к ним равно доброжелательно, с симпатией, и даже с любовью. Читатели и зрители, привыкшие в работах поэтов и художников искать манифестацию эстетических и социокультурных установок, ценностей, не находя их, оказываются в затруднении, усматривая «релятивизм» и «игру имиджей» в том, что по существу не что иное, как абсолютно личное высказывание.

Шаповал: Мне пришлось столкнуться с таким примерно определением: Пригов это человек релятивистских убеждений.

Пригов: Во-первых, я представитель определенного времени, определенной культуры и прочее. Потом у всех есть такая

---

[101] См. "С Д. А. Приговым беседует Андрей Зорин" в кн. «Подобранный Пригов», Москва РГГУ, стр. 247-248.

тенденция идентифицировать свои убеждения с убеждениями доминирующими и крах своих идеалов с крахом всего света. Что значит релятивизм? Просто та зона, в которой люди раньше утверждались как идеологически направленные, для меня существует на персонажном уровне, а все свои проблемы я разрешаю на другом уровне, который раньше для людей не был зоной разрешения этих проблем. Я реализуюсь на уровне операциональном, имиджевом, там для меня есть принципы отбора персонажей, их столкновений, как режиссера. Вот актер – человек твердых убеждений, а режиссер – релятивистских. Так режиссер и не разрешается на уровне актера, а разрешается на уровне конструкции пьесы. Мне кажется, эти заявления – культурная невменяемость. Это как приходит человек в чужую кухню, смотрит: соли нет, перца нет – как он все готовит без соли и перца? А у него просто в другом месте все стоит.[102]

[102] Д. Пригов, С. Шаповал «Портретная галерея Д.А.П.», Москва, НЛО, 2003, стр. 22.

34. Игра? – Нет, личное высказывание

В стихах Пригова (и во всем его творчестве) я вижу прежде всего его самого, его отклик на призыв «смотри и виждь». Нет причин не доверять таким его словам: «Видно, своя боль берет свое, а пишу я, естественно, о том, о чем болит»[103]. Все дело лишь в том, что это «о чем болит» видится ему «третьими глазами», ощущается «третьим сердцем», воспроизводится «третьими губами»:

Пригов: Обнимаю небо третьими руками
Обзреваю дали третьими глазами
Третьим сердцем чую мертвецов
Их целую третьими устами
И шепчу им третьими губами:
Третий срок я за грехи отцов
Здесь отбываю

Первые и вторые глаза, сердца, уста, губы принадлежат персонажам в текстовом театре, где Пригов, как автор пьесы и режиссер спектакля, гарантирует им самоидентичность. Не превращает в мертвых коллекционных бабочек на правилке. И они, свободно демонстрируя себя в отношениях друг с другом,

[103] Пригов, «Нога», архив Пригова.

выстраивая семантические слои текста, сообщают то, что и о чем через них говорит Пригов, решая свои проблемы. Бывает смешно, грустно, страшно. Но в том нет сатиры, иронии, стеба, разоблачений. Есть констатации. Это выглядит простым, но подделать это невозможно.

Зорин: Читатель все-таки есть в вашем мире?

Пригов: У меня есть читатели, которые прочитывают на всех уровнях. Наиболее интересный мне читатель, конечно, прочитывает предельный уровень. Этих читателей немного, по той простой причине, что для этого все-таки нужна критическая масса понимания, чтобы перед глазами было достаточное количество мной написанного. Потом нужно все-таки быть обуреваемым примерно той же проблематикой, чтобы этот уровень был явен. Для многих, даже знающих мои стихи, он просто неявен.[104]

Нельзя не согласиться с тем, что Андрей Зорин замечает в «Постскриптуме интервьюера»:

Зорин: Трудно представить себе более масштабный замысел, чем попытка воплотиться во все значащие в культуре, в языке эйдосы, маски или имиджи, как называет это сам Пригов, причем воплотиться, не утрачивая собственной личности и единства судьбы. Даже намерения Брюсова создать стилизации под всю мировую поэзию меркнут перед этим грандиозным проектом.[105]

[104] «Подобранный Пригов», Москва РГГУ, стр. 236-237.
[105] Там же, стр. 253.

35. Бестиарий

В совокупности работ Пригова выделяются три типа эстетических стратегий, обусловленных симбиозом понятий «текст» и «графика» в языке без границ: тексты в чистом виде (поэзия, литература), тексты как графика (стихограммы) и графика как тексты. Последний тип эстетической стратегии представлен большими сериями работ, и самая захватывающая из них – бестиарий. Эта серия прочерчивает свою траекторию сквозь без малого четыре десятилетия, отмеченные как годы каждодневного, целенаправленного воплощения в жизнь того, что принято называть «мегапроектом Пригова».

Как все, что делал Пригов в амплуа артиста, его чудовища (бестии) являя графику как текст, допускают множество прочтений. Настаивать на каком-то одном как «самом верном» нелепо хотя бы потому, что в корне противоречит гуманитарной природе приговского творчества и этической составляющей его глобальной эстетики. Я хочу акцентировать внимание только на одном из этих прочтений, близком мне.

Сам Пригов чудищами называл прежде всего себя и тех, кого считал соратниками по жизни в искусстве. Но не только. В книге, где собраны его интервью Сергею

Шаповалу, озаглавленной «Портретная Галерея Д.А.П.», подаренной им мне с автографом «С.В.Ч. от имени имени Д.А.П.», весь контент, включая обложку, пронизан, как шампуром, портретной галереей «бестий», или, как он говорил, «чудищ». Не поленюсь, приведу последовательно имена всех, кого Пригов представил чудищами в этой книге (многие из них хорошо известны тем, кто интересуется процессами в искусстве современной России). Открывают книгу два чудища: Д.А. Пригов и Лев Рубинштейн.

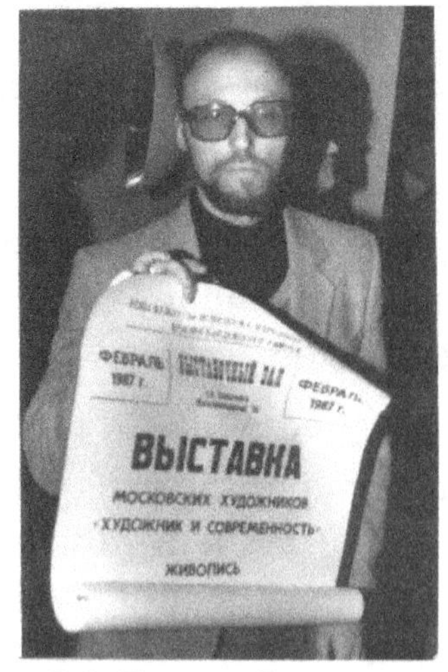

Д.А. Пригов. Выставка «Художник и современность на Каширке» (февраль 1987)

Насколько я мог видеть, по жизни, творчеству, философии и душевному строю Лев Семенович для Пригова самый близкий человек после Надежды Буровой и Бориса Орлова. Затем Илья Кабаков, Эрик Булатов, Андрей Монастырский, Виктор Пивоваров, Виктор Мизиано, Свен Гундлах, Борис Гройс, Константин Звездочетов, Сергей Ануфриев, Тамара Новикова, Олег Кулик, Владимир Сорокин, Евгений Попов, Михаил Горбачев, Борис Ельцин, Владимир Путин, Виктор Черномырдин, Владимир Жириновский, Григорий Явлинский, Егор Гайдар, Анатолий Чубайс, Иван Чуйков, Павел Пепперштейн.

Вся серия чудищ огромная, этот список лишь малая часть, но и он отчетливо показывает, что общий критерий отбора персонажей, удостоенных называться «чудищами», не сводится к коннотациям чего либо «высокого», «привлекательного», «морального», «благородного», достойного» или, напротив, «низменного», «ужасного», «отталкивающего», «недостойного», «отвратительного». Не сводится этот критерий и к коннотациям «известности», «престижа», «славы», «власти», «дружбы». Кроме самого Пригова, среди «чудищ» есть, например, Сталин. Меня он тоже однажды обозвал чудищем, – дело было на первой свободной выставке «Художник и современность на Каширке» (1987). Подвел к своему панно, серии из трех десятков чудищ, Надя Бурова нас сфотографировала трижды свои «поляроидом», одну из трех фотографий Пригов тут же подписал «Ув. Сергею Валерьяновичу! Чудищу от чудища на фоне всех прочих чудищев» и вручил мне.

Каждое чудище – некий условный метафизический портрет персонажа. Ничего похожего на портретное сходство нет и в помине. Атрибуты, на фоне которых изображены чудища, как и детали облика самих чудищ, устойчиво и узнаваемо повторяются, являя собой некие «графические понятия», но сами образы повторяющихся атрибутов и деталей облика у всех чудищ варьируют, выражая семантику этих «графических понятий», превращая их в «графический текст», провоцирующий зрителя на собственное творческое прочтение.

Помимо экзистенциальных причин, о чем разговор особый, я связываю происхождения чудищ Пригова с его этикой. Точнее, с двумя ее элементами – приверженностью личной свободе (своей и любого человека) и интеллектуальной честностью.

Когда Пригов заменил марксистское определение «свобода есть осознанная необходимость» на «свобода есть осознанная необходимость свободы», это определение мгновенно стало знаменитым. Будучи лично свободным в

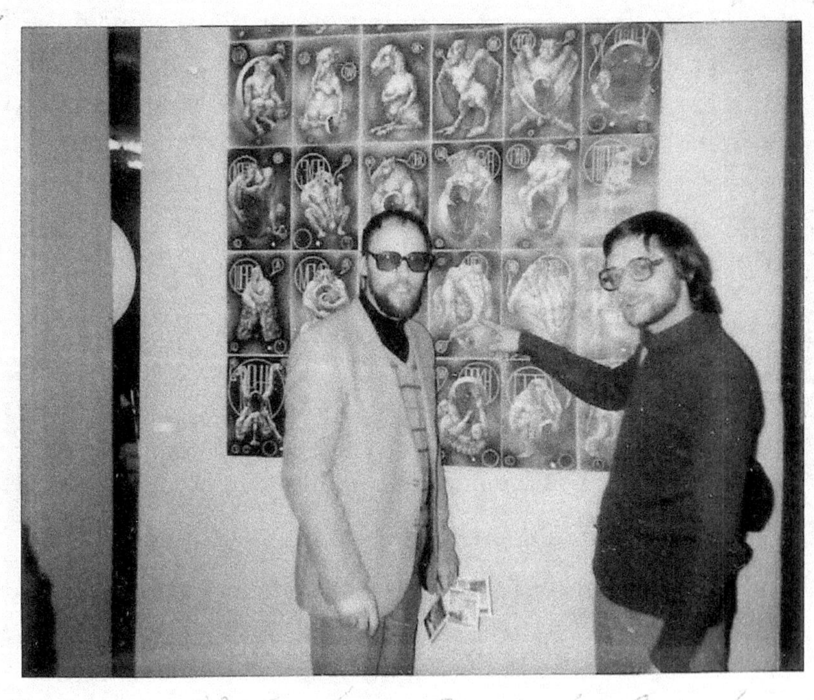

Выставка «Художник и современность на Каширке» (февраль 1987).
Дмитрий А. Пригов и Сергей Чесноков
Надпись Пригова: «Ув. Сергею Валерьяновичу!
Чудищу от чудища на фоне всех прочих чудищев.
(Снимок Надежды Буровой)

выборе предпочтений для себя, Пригов безоговорочно поддерживал проявления такой же свободы в любом человеке, если они не требовали прямых или косвенных жертв со стороны окружающих. Он был рад, когда людям было интересно и важно то, что делает он. Но сам он не искал, и, тем более, не требовал от кого бы то ни было такого интереса к себе. Более того, сталкиваясь с неприятием себя и своего творчества, Пригов принимал это как факт, отстаивая право на такое неприятие как естественную культурную норму, аналогичную признанию с обратным знаком. Он умел с пониманием смотреть на себя глазами тех, кто его считал «взбесившимся графоманом», «антипоэтом», «выродком» в конце концов. Предельным в этом ряду был образ дьявола, чудовища, как в случае, о котором Владимир Сорокин рассказывает в эссе, посвященном Пригову.

Сорокин[106]**:** Однажды в зале, где Пригов читал стихи, поднялась девушка на вид из очень интеллигентной семьи и обратилась к поэту:

– Мои родители сказали мне – если хочешь увидеть дьявола во плоти, сходи на чтение Пригова.

– Ну и? – поднял брови Дмитрий Александрович.

– Они не ошиблись, – ответила девушка.

Будучи последовательным в своих этических принципах, Пригов принял образ себя как «объективного злодея» в той мере, в какой этот образ существует в глазах тех, кто, безусловно видит его таковым, отвергая какую-либо апологетику на сей счет. Так появилось чудище с именем «Пригов», а также серия чудищ с именами художников, поэтов, философов чья синдроматика в отношениях с обществом и окружающей культурой была схожей. Но вскоре в компании чудищ, наряду с Приговым, Рубинштейном, Кабаковым, Булатовым, Гройсом, оказались люди с сомнительной репутацией, а затем и попросту моральные антиподы вроде Сталина и Путина. Многие, кто знал Пригова, смогли принять это лишь как проявление артистической экстравагантности, некую дань эстетической стратегии. Но, по-моему, это было просто еще одним закономерным естественным следствием интеллектуальной честности Пригова: сознание тех, для кого Пригов был

---

[106] Владимир Сорокин, «Пригов и его космос» (2014)

«дьявол во плоти», вполне естественно объединяло Пригова со Сталиным как монстров, – разных по природе, но, тем не менее, именно монстров, чудищ.

Социокультурная роль чудищ в смысле, воплощенном Приговым в этой замечательной серии, явственно просматривается в истории. Фауст как персонаж народных немецких легенд, был христианской версией приговского чудища, наряду с теми, кого сжигала на кострах инквизиция, учрежденная Торквемадой в XV веке. Гете лишь сделал явным то, что, видимо, хотя бы отчасти присутствовало в жизни доктора Фауста как реального исторического персонажа. Чудища в виде всяческих гадов и драконов испокон веков сопровождали (и сопровождают) народные праздники в странах востока, прежде всего в Китае.

В общекультурном плане серия чудищ Пригова – метафора начал, как позитивных, так и негативных, видоизменяющих в сознании людей культуру, жизнь, язык. Воплощением чудищ могут быть конкретные люди, их поступки, а также метафизические существа и сущности, населяющие мир мифов и верований. Чудища по определению обладают мощной энергетикой. По отношению к любому человеку чудища могут быть добрыми, нейтральными, злыми. Арена бытования чудищ – сознание людей, актуализирующее их в доступном восприятию мире на всех уровнях – от обыденных событий повседневной жизни до событий планетарного или космического масштаба. В детях чувствительность к восприятию чудищ заложена естественными процессами создания, становления и развития личного языка.

Вот пять примеров работы Пригова с имиджами чудищ в своих текстах. Они иллюстрируют, но далеко не исчерпывают смысловые вариации понятия «чудище» в разных контекстах.

Пример 1.

Пригов: …зоны неразличения (вот! вот! они-то и есть самые страшные! Интуитивно чувствуемые как зоны опасности! Тьмы, откуда появится чудище, предназначенное сожрать нас!), непрозрачности, определяемые как чушь и нонсенс, но, по-видимому, именно где-то в их пределах и следует искать, вернее, предполагать прорастание истинно нового (а может, уже частично и проросшего), не имеющего разрешения в пределах конституированной системы и определяемого просто как иное.[107]

Пример 2.

Пригов: В эвакуации мы жили на территории какого-то лагеря, на окраине которого была то ли большая лужа, то ли пруд. Мне почему-то сказали, что там водится акула. По моим понятиям, она запросто могла выскочить наружу. Я себе ее представлял огромной, наподобие крокодила, меня охватывал не просто страх – священный ужас перед этим прудом.

Шаповал. Не отсюда ли ваши бестиарии?

Пригов. Возможно…[108]

Вот полоска бумаги с текстом из цикла «экологическая поэзия». Она хранится в нашей семье. На оборотной стороне по четырем углам – «пуговки» отвердевшего от времени пластилина.

Граждане!
Рыбка малая в пруду вырастает в зве-
ря огромного и на сушу прогуливаться
выходит, прохожих пугая!
Дмитрий Алексаныч

---

[107] См. Пригов «Расскажи мне, брат, про свое будущее, и я скажу, кто ты, брат» в журнале PASTOR №4 "НАШЕ БУДУЩЕЕ" 1994, № 4, стр. 38—40. *Цит. по* М. Липовецкий, И. Кукулин. Теоретические идеи Д.А. Пригова. Пригов и концептуализм, НЛО, 2014, стр. 100-101.

[108] Д. Пригов, С. Шаповал «Портретная галерея Д.А.П.», Москва, НЛО, 2003, стр. 28.

В июне 1987 Пригов пришел на мой день рождения и подарил эту полоску. Сказал, что недавно прилепил ее пластилином к забору: два следивших за ним гэбэшника арестовали его, полоску отлепили, взяли в качестве вещдока, а его самого поместили в психушку. После освобождения вернули листок вместе с личными вещами.

Пример 3.

Пригов: Прибежали дети в школу
А там делают уколы
Вколют что-нибудь такое —
Сразу чудищем огромным
Становишься
Они к маме: Ради Бога
Мама, мама, пожалей!
А она гонит от порога:
Кто ты, страшный Бармалей!

Пример 4.

Пригов: Эко чудище страшно-огромное
На большую дорогу повылезло
Хвост огромный мясной пораскинуло
И меня дожидается, а я с работы иду
И продукты в авоське несу
Полдесятка яичек и сыру
Грамм там двести, едри его мать
Накормить вот сперва надо сына
Ну, а после уж их замечать
Чудищ

Пример 5.

Фрагменты текста из книги «Катя китайская»[109]:

… больше всего, конечно, девочке были памятны новогодние празднества, начинавшиеся с традиционных приветствий небогатых обитателей небогатых китайских кварталов из родни ее няньки и повара: Кунг-фа-спой (Желаю вам больших денег!). … Затем следовало всеобщее столпотворение. Истинно что массовое безумие. Девочка с нянькой бежали на улицу к ближайшей площади. Вокруг царило нечто невероятное. Рядом, в соседстве, прямо над самой головой с оглушительным шумом разрывались неистовые хлопушки. Они были самого непредсказуемого размера – от крохотных, почти с трогательную ладошку девочки, до огромных, больше ее самой раза в два. Повсюду били мощные и сухие барабаны, отгоняя злобных вездесущих духов. Эти казались пострашнее японцев с их очередной оккупацией, которая, однако, только сейчас и на время. Те же – повсюду и все неисчислимые тысячелетия. Навсегда. Так, во всяком случае, девочке представлялось. И не только девочке.

За год безнаказанного своего промысла злодеи настолько приближались, прижимались к человеческому жилью, что просто невооруженным ухом были слышны их тяжелое дыхание и страшное принюхивание, как огромных скалящихся собак. Многие даже чуяли сладковатый запах гари, вернее, подпаленной, расплавленной жутким внутренним огнем их нечеловеческой плоти. Огонь опалял их изнутри, нисколько, правда, не причиняя им самим видимой боли или вреда. Но не дай бог он касался кого-либо из человеков! Одна капля уничтожительной кислоты в момент сжигала всего несчастного до полнейшего исчезновения. До струйки пара, легкой отлетающей дымки, слабо напоминающей очертания исчезающего тела. Был человек – и нет! Многим случилось оказаться

[109] Д.А. Пригов, Катя китайская (чужое повествование), Москва, НЛО, 2007, стр. 12-15 и 30-31.

свидетелями подобного. Во всяком случае, поведывали о том многие.

Девочка прижималась к своей, не менее её самой напуганной няньки, с детства обряжавшей свою питомицу в туфельки и шапочку, украшенные оскалившейся тигриной головой, защищавшей от всего этого. Вроде бы защищавшей. Ан защитило-таки!

Мимо них плыла длинная процессия странно одетых, босоногих и приплясывающих людей. Тонкие облачка пыли вспыхивали вокруг их беспрерывно шевелящихся ног, темнеющих из-под каких-то взвивающихся разноцветных полотен. Они шли из ближайшего храма Бога Огня, пугающего и премного почитаемого, так как все дома китайской бедноты в округе были деревянные и подвержены мгновенному овладеванию огнем. Все сгорало враз и неоднократно. Понятно, что Бог Огня был безраздельным местным властителем, несущим угрозу и спасение одновременно.

Десятки смуглых узловатых мужчин, одетых в длиннополые одежды, проносили его мимо девочки на огромных расписных носилках. Он восседал в громадном пурпурном кресле, бородатый, волосатый, со страшными красными руками, готовыми схватить любого, подвернувшегося ему в данный момент.

Девочка прижималась к няньке.

Сопровождающие львы и чудища продирались сквозь толпу, касаясь, обжигая и почти отбрасывая в сторону собравшихся. Музыканты и танцоры заходились в своих безумных плясках и звуках.

Но одна фигура особенно поразила девочку. Ей стало невыносимо страшно. Жутко. Это был расположенный на самых запятках длиннющих носилок крохотный белоснежный кудрявый агнец, язык которого огромными клещами тащили два черных волосатых демона. Ой, ой, бедный агнец! Он что-то там солгал невинно, обманул кого-то. Оговорился. Оговорил себя. И вот теперь ему не было ни прощения, ни спасения! Да, да, лучше никого и никогда не обманывать! Да, так будет лучше.

И тут прямо перед лицом девочки возникала устрашающая голова дракона, украшенная рогами и двумя огромными, вспыхивающими под ослепительным солнцем фарфоровыми глазами. Ярко-красная приоткрытая пасть была усеяна нескончаемыми рядами сверкающих и покляцивающих зубов. Некий род костяного клюва, вырываясь прямо изо лба чудища, дико покачивался впереди, грозя проткнуть любого, осмелившегося бы приблизиться на расстояние вытянутой руки.

Девочка отпрянула. Но назад пути не было — со всех сторон ее с нянькой подпирала стена столпившихся зевак. Дракон не отходил от нее. Видимо, как и всех остальных обитателей Срединного и Небесного Царств, его привлекала, прямо-таки притягивала магнитом золотоволосая голова девочки. Она и провоцировала, она и была спасением.

Рептилеобразное гигантское тело дракона извивалось далеко, насколько мог видеть глаз, вдоль улицы и исчезало в полупрозрачном облаке пыли. Цимбалы, гонги и барабаны наполняли окрестности нестерпимым громом. Казалось, воздух, как мешок с арахисом, был туго набит отдельными, не сливающимися в единую гармонию, толстыми звуками. Но и был легок одновременно.

Голова дракона то припадала к земле, то вздымалась к небесам. В этот момент девочка различала под ней беспрестанно переступающие, мелькающие босые смуглые ноги танцора. В отдалении рядом с драконом шел как бы непричастный всему этому безумию высокий человек с большой зеленоватой рыбиной, которая время от времени впивалась в дракона, кусала и отскакивала. Легкие пузырьки вырывались из тяжелого туловища, шутливо взбирались по нагретому воздуху и исчезали в блеклой голубизне. Дракон стремительно озирался. Человек с рыбиной никак не реагировал на это. Дракон снова припадал к ногам девочки.

Бесчисленные босые ноги танцоров мелькали под телом чудища, вздымая мелкие столбики пыли. Тонкое белесое марево застилало все видение, придавая ему вид ирреальной, но притом и хорошо просматриваемой картины...

Нянька обхватывала голову девочки, и обе замирали в ужасе, стараясь быть поближе к взрывающимся хлопушкам и безумным барабанам, хоть они и были весьма пугающи. Но все-таки не настолько, как эти, обступающие со всех сторон чудища, драконы, звери и особенно страшные безобразные, невидимые, но явственно ощущаемые духи и демоны. Чур, чур их!

<...>

По памятным монотонным распеваниям слепого ярмарочного старца девочка знала, что дракон величиной с само небо. В пасти у него зажата огромная жемчужина, похищенная из Небесного нефритового дворца. Кажется, так. Да, именно что так.

Говорят, на внутренней поверхности стен уже земного Дворца небесной гармонии в Запретном городе Пекина с давних времен их, драконов, изображено в количестве 13 946 или 13 948. И оно постоянно нарастало. По одному только потолку летало, томилось, разевало пасти, резвилось, пускало дым и гарь, спускалось вниз и губило бедное, вернее, далеко не бедное население Запретного города 2711 чудищ. Не считая не меньшего количества евнухов, постоянно интригующих и творящих свои коварные дела в пределах Запретного города среди бесчисленных императорских жен и наложниц. Но они меньше интересовали девочку.

Дракон сдерживал дыхание и взглядывал вверх томными темно-малахитовыми, почти девичьими глазами из-под смежающихся толстенных век. Кое-где поднималась мутная струйка на месте беспокойного сонного пошевеливания какой-то удаленной части его неимоверного туловища. И снова — полнейший покой и прозрачность. Не время еще. Вниз можно было смотреть без страха. Или вообще не смотреть. Она и не смотрела.

36. Пригов и Мандельштам

Мандельштам один из самых любимых поэтов Пригова. Об этом он говорит в тексте «Нога» (см. сноску 7, стр. 4), подтверждая в интервью Андрею Зорину:

> ***Пригов:*** Вообще-то нужно сказать, что мои любимые поэты – Блок, Ахматова и Мандельштам. Три моих самых любимых поэта. Для меня важна их предельно явленная имиджевость.[110]

Не забудем, что «имидж» в переводе на русский – «образ», а «имиджевость» не что иное как образность. Положив в основу своего творчества работу с имиджами, Пригов делал ровно то, что делает любой не только поэт, но вообще любой человек, который строит свой личный язык, связывающий его с окружающим миром. Вопрос только в составе имиджей, широте словаря и способе осознания того, зачем человек, в том числе поэт, занимается этим, строит на том свою жизнь. В этой связи, Пригов вполне мог бы сказать о себе словами Мандельштама «И не рисую я и не пою/ И не вожу

[110] См. "С Д.А. Приговым беседует Андрей Зорин" в кн. «Подобранный Пригов», Москва РГГУ, 1997, стр. 245.

смычком черноголосым/ Я только в жизнь впиваюсь и люблю/ Завидовать могучим хитрым осам».

Данте дал название «Пир» одному из центральных своих произведений, подчеркивая связь итальянской культуры с культурой греческой, дал спустя две тысячи лет после того как произошло собрание в античной бане, описанное в «Пире» Платона. Выбирая язык, на котором написаны канцоны, смысловая основа его «Пира», Данте предпочел грубый, но выразительный и живой язык жителей Флоренции начала XIV века, умершей к тому времени в народе классической латыни, которая продолжала оставаться языком культурной элиты.

> ***Данте:*** В начале каждого хорошо устроенного пира слуги обычно берут поданный на сто хлеб и очищают его от всякого пятнышка. Поэтому и я, исполняющий в настоящем трактате их обязанности, от двух пятен собираюсь очистить это рассуждение, которое я почитаю хлебом в моем угощении. <…> После того, как хлеб очищен от случайных пятен, остается просить извинения за одно существенное пятно, а именно за то, что он написан на языке народном, а не на латинском; пользуясь же сравнением, можно сказать, что это хлеб простой, а не пшеничный. И в оправдание этого приведем вкратце три довода, которые и заставили меня выбрать первый язык, а не второй. Один из них вызван опасением неподходящего выбора; второй - желанием быть щедрым. Третий - природной любовью к родному наречию.[111]

Спустя шестьсот лет Мандельштам в «Разговоре о Данте» обнаружил живую связь деяний Данте с культурой России «серебряного века».

Пригов избрал языком своего мега-проекта современный «русский volgare», полуживой язык,

[111] Данте, «Пир», I, V, 2-3 (Пер. А. Г. Габричевского), Москва, РГГУ, 1997, стр. 245.

изувеченный «сбродом тонкошеих вождей» и «полулюдей», по определению Мандельштама.

В эссе «Нога», объясняя этот шаг, Пригов отвергает версии «мандельштамовско-ахматовских греко-итальянизмов», созданные культурной элитой послевоенных поколений, как версии, не только беспомощные перед лицом разрухи в русском языке, но и агрессивно деструктивные в плане культуры.

Пригов: А мандельштамовско-ахматовские греко-итальянизмы, некогда живо и трагично заселившие воздух поэзии (соответственно судьбе этих поэтов – судьбе последних эллинов, доживающих свой век среди варваров) в наше время являются поэтам некими подобиями вурдалаков, не имеющих иной пищи в нашем мире, кроме разве крови самих творцов, которую они и выпивают без всякой благодарности и отплаты.[112]

Естественно возникает вопрос о соотношении между позициями Мандельштама и Пригова в русской культуре. В высшей степени напряженный сюжет. В чем они согласны, а в чем – нет? Может быть между ними пропасть? Если да, то что конкретно их разделяет? Чтобы найти ответ, я решил более внимательно под этим углом зрения прочесть тексты Мандельштама.

Ближе всего к теме оказались мандельштамовские «Заметки о поэзии» (1923) и «Черновые наброски к разговору о Данте» (1933), а также текст Гершензона, на который Мандельштам неявно ссылается в своих представлениях о природе культуры. Имеется в виду письмо под номером VIII Гершензона в «Переписке из двух углов» (1920), адресованное Вячеславу Иванову.[113]

[112] Д.А. Пригов. «Нога», архив Пригова в Москве.

[113] На связь между взглядами Мандельштама и Гершензона на природу культуры (и в этой связи на письмо VIII М. Гершензона В. Иванову в «Переписке из двух углов») указывает Павел Нерлер в примечании к

Я сопоставил их с текстом «Нога» Пригова.

Каково же было мое удивление, когда оказалось, что никакой «пропасти» нет и в помине. Разные точки внимания, разные ракурсы, горизонты видения, акценты, отправные точки, – да, это есть. Но пропасти нет.

Тексты говорят сами за себя. В них нет спора. Неявно они образуют диалог: каждый своими репликами расширяет мир своих собеседников, одновременно расширяя свой мир их ответными репликами. Мне захотелось сделать этот диалог явным, используя в качестве реплик фрагменты текстов каждого из трех. Так возник вариант диалога сквозь время и пространство между Мандельштамом, Гершензоном и Приговым. Состоявшийся диалог, которого не было.

«Черновым наброскам “к разговору о Данте”», см. О. Мандельштам, «Слово и культура», Москва, 1987, стр. 297.

37. Мандельштам, Гершензон, Пригов. Диалог сквозь время

Мандельштам (1923). В поэзии всегда война. И только в эпохи общественного идиотизма наступает мир или перемирие.

Пригов (1984). Читая газеты, смотря телевизор, слушая радио, просто прислушиваясь к разговорам на собраниях и неспециальных сборищах, в транспорте, подслушивая (каюсь, с немалым интересом) через прозрачные железобетонные перегородки квартир домашние свары и звуки быта под аккомпанемент нынешней музыки,... обнаруживаем мы вполне понятный, вполне самостоятельный, вполне цельный язык, обеспечивающий весь синхронный срез жизни. Язык вполне обозримый, единый, различимый и понятный.

Мандельштам (1923). Разговорная речь любит приспособление. Из враждебных кусков она создает сплав. ... Разговорная речь всегда находит средний удобный путь. По отношении ко всей истории языка она настроена примиренчески и определяется расплывчатым благодушием, то есть оппортунизмом. Поэтическая речь никогда не бывает достаточно «замирена», и в ней через много столетий открываются старые нелады, – это янтарь, в котором жужжит муха, давным-давно затянутая смолой, живое чужеродное тело продолжает жить в окаменелости.

Пригов (1984). Как показывает опыт современной поэзии, [современный мирской язык, это язык][114], вполне неприемлемый для большинства работников поэтической кухни, предпочитающих и прямо-противопоставляющих ему свой, вполне обжитой, язык литературный…. Поборники его… приписывают всему остальному, что не совпадает с их идеалами, признак небытия… А язык этого небытия определяется как некий фантом, наваждение, которое можно изжить… одной силой возвышенного желания, страстью волевой идеи. … [Мирской язык] воспринимается… как языковая шелуха, язык-паразит, не отражающий никакого экзистенциального содержания, ….

Мандельштам (1923). Борьба русской, то есть мирской бесписьменной речи, домашнего корнесловья, языка мирян, с письменной речью монахов, с церковнославянской враждебной, византийской грамотой – сказывается до сих пор. Первые интеллигенты – византийские монахи – навязали языку чуждый дух и чужое обличье. Чернецы, то есть интеллигенты, и миряне всегда говорили в России на разных языках.

Пригов (1984). Но мы здесь говорим вовсе не о бумажном макетике, легко переносимом с места на место, а при желании – просто удаляемом из приличного общества. Нет. Речь идет о феномене, возникающем на

[114]Здесь и далее текст в прямоугольных скобках связывает части оригинального теста, но это интерпретация, за которую несу ответственность перед читателем только я, – СЧ.

пересечении жесткого верхнего идеологического излучения и нижнего встречного, поглощающего и пластифицирующего все это в реальную жизнь, [то есть о феномене] жизни природной. … Только в пределах этого контекста сможем мы определить истинное звучание современного языка, его претензии, его реальное значение и реальные значения, его пустоты и затвердения, его провалы и воспарения перед лицом простого быта и вечных истин, которые сами … должны будут доказывать свои претензии судить и быть судимы во взаимной нелицеприятной строгости. … . А то зачастую [эти вечные истины] оказываются культурными шкурками, и поэты, страдающие над ними, выглядят… просто гурманами и жонглерами над пропастями, которые нельзя завалить призраками, но лишь реальными телами.

Мандельштам (1923). Все, что работает в русской поэзии на пользу чужой монашеской словесности, всякая интеллигентская словесность, то есть «Византия», – реакционна. Все, что клонится к обмирщению поэтической речи, то есть к изгнанию из нее монашествующей интеллигенции, – несет языку добро, то есть долговечность, и помогает ему совершить подвиг самостоятельного существования в семье других наречий.

Пригов (1984). [У этих «гурманов и жонглеров»] есть соблазн забежать за широкую спину культуры в ее функции сакрального прообраза мира, т.е. забежать и утвердиться в сакральном сакрального.

Мандельштам (1933). Здесь уместно немного поговорить о понятии так называемой культуры и задаться вопросом, так ли уж бесспорно поэтическая речь целиком укладывается в содержание культуры, которая есть не что иное, как соотносительное приличие задержанных в своем развитии и остановленных в пассивном понимании исторических формаций. «Египетская культура» означает, в сущности, египетское приличие; «средневековая» – значит средневековое приличие. И так далее. Любители понятия культуры, несогласные по существу с культом Амона-Ра или с тезисами Триентского собора, втягиваются поневоле в круг, так сказать, неприличного приличия. Оно то и есть содержание культуропоклонства, захлестнувшего в прошлом столетии университетскую и школьную Европу, отравившего кровь подлинным строителям очередных исторических формаций и, что всего обиднее, сплошь и рядом придающего форму законченного невежества тому, что могло бы быть живым, конкретным, блестящим, уносящимся в прошлое и будущее знанием.

Пригов (1984). [Соблазн забежать за широкую спину культуры, чтобы утвердиться в сакральном сакрального, можно понять]. Но если и существует такое номенклатурное место, то оно не художницкое, хотя бы и существовали, выпадали оттуда в наш мир, словесные или какие другие отходы неземных трудов, схожие с произведениями искусства. Но подобное совпадение чисто формальное – налицо векторная прямопротивоположно-направленность. Подобный же возвышенный обман объявляется и в схеме Флоренского с его восхождением и схождением обратно в мир художественного сознания.

Мандельштам (1933). Втискивать поэтическую речь в «культуру» как пересказ исторической формации несправедливо потому, что при этом игнорируется сырьевая природа поэзии. Вопреки тому, что принято думать, поэтическая речь бесконечно более сыра, бесконечно более неотделанна, чем так называемая «разговорная».

Пригов (1984). Но художник не живет в чистой созерцательности, а в борьбе и соитии с диктующим, самостийным материалом, в виде которого в искусство является жизнь. Именно здесь и происходит подмена, когда на это место, полагают культуру, пытаясь произвести на свет вытяжку из вытяжки.

Гершензон (1920). Из многих «Гамлетов» и «Сикстинских Мадонн» путем отвлечения возникла общая ценность – Искусство; и так родились они все, – Собственность и Нравственность, Церковь и Религия, Национальность, Культура, и сколько, сколько еще: все из эманаций лучшей крови самых горячих людских сердец. И каждая из них имеет свой культ, своих жрецов и верующих. Жрецы убежденно говорят толпе об «интересах» и «нуждах» боготворимой ценности и требуют жертв ради ее процветания. … … чем отвлеченнее ценность, тем она прожорливей и беспощадней. Может быть, последняя война [1914 года – СЧ] есть только невиданная гекатомба[115], которую несколько умопостигаемых ценностей, заключив между собой союз, совместно потребовали через их жрецов от Европы.

Пригов (1984). Конечно же, мы говорим… о языке нынешней жизни, который нам выпало прожить честно, нечужеродно, как судьбу – с прислушиванием и угадыванием, без зависти и кивания на чужие удачливые судьбы; о языке, который мы должны проговорить сквозь себя, чтобы все, что в нем жизнь – явилось жизнью, и проговорить не прельстительными голосами и интонациями недоживших до наших дней

---

[115] в Древней Греции жертвоприношение сотни быков, в особо торжественных случаях – примечание В. В. Сапова

высоких и немыслимых философов но скудными (для непривыкшего уха) голосами его реальных жителей и произносителей: рабочих, колхозников, милицанеров, майоров, интеллигентов, образованщины. И не должны мы заманивать их в заоблачные замки и великосветские рауты, где они явно и заранее несостоятельны, но подсмотреть, узнать, предъявить им свои претензии или полюбить их на своих местах, в своих одеждах, под своими именами, в свое время (которое, кстати, и наше тоже).

Гершензон (1920). Венценосная ценность холодна и жестока, а с годами и вовсе каменеет, превращается в фетиш. В ее чертах уже нет и следа той свободной и открытой силы, которою некогда дышало ее лицо. Она служила стольким страстям, высоким и низким! Один хотел вёдра, другой дождя, и она всем угождала, подтверждая каждому его ложную, его субъективную правду [это и есть гуманитарная истина, в отличие от научной, в этом именно ее смысл, величие и опасность – СЧ]. Теперь она самовластно диктует миру свои законы, не внемля личным мольбам. Что было живым и личным, в чем обращалась и пульсировала горячая кровь одного, то становится идолом, требующим в жертву такое же живое и личное, каким оно само увидело свет. Наполеон-император и картина на музейном троне, – равно деспоты.

Пригов (1984). Скудость и убогость ситуаций, [о которых говорю здесь] (по сравнению с культурными пиршествами весьма недалеких времен), оборачивающиеся в поэзии нищенством образов, словаря, фразеологии, размеров, рифм и пр., не есть недостаточность или курьез, но суть исторического момента русского языка, в котором мы волею Провидения поселены и живем. Естественно, что во всем этом соучаствует и литературный язык, но не в аспекте долженствования, а бытования, т.е. не как он должен жить и как в соответствии с ним должно жить, но как он живет и как им живут.

Гершензон (1920). Все объективное рождается только в личности и первоначально принадлежит только ей. … «Гамлет» только раз цвел всей полнотой своей правды – в Шекспире.

Пригов (1984). Поэт есть пособник жизни, проглядывающий в нынешнем корни жизни многовековой, древней, неискоренимой, являющейся в самых невообразимых обличиях Жизни и Смерти, Любви и Долга, Добра и Зла. И для внимательного обитателя этих мест за газетными призывами, праздничными ликованиями, уличными сварами проглядывают архетипы заклинаний, молитвенных экстазов, песнопений, структурообразующий пафос которых, прорастая сквозь нашу современность, неложен и жизнестоек. Бесчисленные же прямонаправленные возвышенные стихи, пытающиеся спасти культуру, Россию, нравственность, язык – вобщем, все, что самое время спасать – не имеют корневых выходов в жизнь языка и являют собой просто зарифмованные тексты общерассудительных бесед с беспутным количеством символов духовности, и служат они не чаемому спасению, но большему закоснению и выветриванию и без того уж достаточно сухих земель общекультурного безъязычья.

Гершензон (1920). Но в каждой отвлеченной ценности трогательно мерцает искра Божества. Отдельный человек, сам того не зная, чтит в ней святость какого-нибудь личного и неискоренимого своего влечения, которое обще ему со всеми людьми; только этим живым чувством и сильна ценность. И вот мое личное возведено в социальность, в безличность, а оттуда – еще выше, в Эмпирей сверхличных начал, – глядь – одинокое чувство оказывается включенным в сложнейший иерархически-централизованный строй, простая молитва обросла необозримой громадой Богословия, Религии, Церкви. Что было во мне потребностью сердца, объявлено моим освященным долгом, взято из моих рук, как любимое, и поставлено надо мною, как миропомазанник. Бедное сердце, как мать, еще любит в тиране свое происхождение, но и плачет, повинуясь его безличной воле. И наступает час, когда любовь превозмогает покорность: мать свергает тирана, чтобы снова обнять в нем сына. Приходит Лютер с горячим сердцем и разрушает культ, богословие, папскую церковь, чтобы освободить из сложной системы простую личную веру…

Пригов (1984). Собственно, основная работа происходит в достиховой сфере творческого сознания, когда словно пальпацией или молоточком нащупываются болевые точки ситуаций, от прикосновения к которым вздрагивает все тело языка, отдавая по нервам вглубь и в будущее. Погруженный в это прислушивание и прослушивание понимает, что в обстановке экстатически государственного и общенародного культа Пушкина меньшее безумие требовать у него разрешения от бесплодия, нежели сокрушаться, что число умеющих читать далеко не равно числу умеющих читать Пушкина. И не то важно, что он живет не тем способом, каким хотелось бы филологу - живет, каким может жить.

Гершензон (1920). А ценности еще не всё. Есть паутинные сети умозрений, из стальной паутины, сотканной вековым опытом: они пленяют ум неощутимо и верно; есть торные пути сознания, куда незаметно вовлекается лень; есть рутина мышления и рутина совести, есть рутина восприятий, трафареты чувств, и бесчисленные клише речений. Они подстерегают самое зачатие духовных зародышей, тотчас обволакивают их и как бы в любовных объятиях увлекают на избитые пути. Наконец, есть несметные полчища знаний, страшные своей многочисленностью и непреклонностью; они наводняют ум и располагаются в нем по праву объективной истины; и дух, отягощенный ими, никнет в тесноте, бессильный и усвоить их существенно, и низвергнуть.

Пригов (1984). А мандельштамовско-ахматовские греко-итальянизмы, некогда живо и трагично заселившие воздух поэзии (соответственно судьбе этих поэтов – судьбе последних эллинов, доживающих свой век среди варваров), в наше время являются поэтам неким подобием вурдалаков, не имеющих иной пищи в нашем мире, кроме разве крови самих творцов, которую они и выпивают без всякой благодарности и отплаты.

Мандельштам (1923). Благодаря тому, что борьба с монашески-интеллигентской Византией на военном поле поэзии заглохла и на этом славном поприще долго не являлось нового героя, русские поэты один за другим стали глохнуть к шуму языка, становились тугими на ухо к прибою звуковых волн и только через слуховую трубку различали в шуме словаря свой собственный малый словарь. … Небольшой словарь еще не грех и не порочный круг…. Но он есть признак того, что говорящий не доверяет родной почве и не всюду может поставить свою ногу. Воистину русские символисты были столпниками стиля: на всех вместе не больше пятисот слов – словарь полинезийца.

Эпилог

Мандельштам (1923). У Пушкина есть два выражения для новаторов в поэзии, одно: «чтоб возмутив бескрылое желанье в нас, чадах праха, снова улететь!», а другое: «когда великий Глюк явился и открыл нам новы тайны». Всякий, кто поманит родную поэзию звуком и образом чужой речи, будет новатором первого толка, то есть соблазнителем.

Пригов (1984) Да, дело приняло весьма зловещий оборот, мной самим поначалу вовсе не предполагавшийся. Оборот вполне зловещий и для меня, в смысле возможных для меня последствий по причине гневной, но вполне справедливой реакции со стороны поклонников не только Мандельштама и Ахматовой, но и культуры вообще, в широком понимании. Да и я их всех (включая Культуру) люблю, а Пушкина, Мандельштама и Ахматову – так особенно между прочих. Но ведь и жить хочется. Видно, своя боль берет свое, а пишу я, естественно, о том, о чем болит.

Мандельштам (1923). Неверно, что в русской речи спит латынь, неверно, что спит в ней Эллада. С тем же правом можно расколдовать в музыке русской речи негритянские барабаны и односложные словоизъявления кафров. Российскому стихотворцу не похвала, а прямая обида, если его стихи звучат как латынь. А как же Глюк? – Глубокие, пленительные тайны? – Для российской поэтической судьбы глубокие, пленительные глюковские тайны не в санскрите и не в эллинизме, а в последовательном обмирщении поэтической речи.

Пригов (1984). Забавная сценка, она, как мне кажется, достаточно верно отражает ситуацию художник-народ. Вот она: едет телега, стоит мужик. Мужик просит подвезти его. «Садись. – отвечают ему, – Давай, запевай!» – «Да я не знаю.» – «Запевай что-нибудь!» – «Да я не знаю.» – «Запевай!». Тут попадает у мужика нога в колесо, и орет он: «Ой, нога! Нога!». И все подхватывают: «Ой, нога-а-а! нога-а-а!»

Гершензон (1920). Я говорю не о свободе от умозрения, а о свободе умозрения, вернее – о свободе, непосредственности и свежести созерцания, чтобы мудрость отцов не запугивала робких, не потакала косности, и не застила далей. Тогда-то и явятся те веселые странники, беспечные и любознательные, о которых вы (*Вячеслав Иванов* – СЧ) говорите: теперь их нет, или есть только мнимые, теперь никто не проходит как чужеземец, мимо алтарей и кумиров, но и вы, мой друг, незаметно для себя возлагаете жертвы на многие алтари, и бессознательно чтите кумиры, ибо яд, говорю я, в нашей крови. И не я хочу закрепить человечество на горизонтальной плоскости, – это вы пишете «пойдем дальше, не озираясь, и не меря пути». Я же говорю: личность на этой равнине – вот вертикальная линия, по которой должна восходить новая культура.

Пригов (1984): Заяц белый пробежал
И вскричал: кругом несчастье
И для общего для счастья
К сердцу нож себе прижал
Кровь забрызгала людей
И особенно все книги
И оттуда выполз Пригов
Словно маленький злодей
Объективный

38. Реформатор или врач?

Пригов положил начало реформе современного русского языка:

- **построил** внятную концепцию реформы, развивая, конкретизируя и дополняя идеи Бахтина и Фуко;
- **совершил** реформу собственного поэтического языка, рассматривая поэзию, литературу, изобразительное и театральное искусство как единое языковое пространство;
- **продемонстрировал** приемы построения художественных и аналитических текстов, исключающие любые проявления тоталитарности и анемии;
- **создал** «первичное ядро» реформы – огромный корпус поэтических, литературных, графических, инсталляционных и перформансных текстов на реформированном языке;
- **сделал** все, чтобы каждый человек, столкнувшись с его творчеством, был абсолютно свободным в своих ощущениях и выводах, относительно этого творчества;
- **заинтересовал** своим творчеством многочисленные группы людей, носителей русского языка в России и за ее пределами, число которых год от года увеличивается;
- **сформировал** устойчивую атмосферу активных дискуссий по поводу его творчества, которая после его ухода и составляет реформу как реальный длительный процесс.

За этим – тридцать с лишним лет ежедневного труда, неотличимого от бытия. В сущности – само бытие, как есть. Любое мгновение, коль скоро оно уносит жизнь так же, как и любое другое, нехорошо оставлять безымянным, не связывая с другими мгновениями. С этим чувством Пригов жил, находя основу для стихотворений во всех мгновениях своего бытия. Он не разделял их на «высокие» и «низкие», – мыл ли посуду, заводил ли стиральную машину, боролся ли безуспешно с сорванной резьбой какого-то винта, устанавливал ли отношения с тараканами…

Я целый день с винтом боролся
И победить его не мог
Он что-то знал себе такое
Чего никто уж знать не мог
И я вскричал: Железный Бог
Живи себе свое тая
Но ведь резьба то не твоя
Хоть ее отдай! –
Но он не поддался и на эту хитрость

***

Вот дождь идет, мы с тараканом
Сидим у мокрого окна
И вдаль глядим, где из тумана
Встает желанная страна
Как некий запредельный дым
Я говорю с какой-то негой:
Что, волосатый, улетим? –
Я не могу, я только бегать
Умею –
Ну, бегай, бегай

… или, скажем, совсем иной план, – выявлял психологическое родство диктаторов в способах отторгать от себя ответственность за свои преступления:

Когда Иосиф Сталин с Жуковым
Поля Германьи обходил
Один другому говорил:
Вот сколько их детей и внуков их
Сломил советский наш металл
А Сталин тихо добавлял:
И история

***

Когда он на Святой Елене
Томился дум великих полн
К нему валы высоких волн
В кровавой беспокойной пене
Убитых тысячи голов
Катили вымытых из почвы
Он их пинал ногою: Прочь вы
Подите! Вы не мой улов
Но Божий

Он ничего не упускал из виду. К 1984 году у него уже было несколько тысяч стихотворений, напечатанных вручную в виде минибуксов, тех самых «книжечек». Так продвигалась приговская реформа в первое десятилетие. Невозможность быть напечатанным Пригов воспринимал как свободный человек. Без аффекта. Ставить свою ежедневную работу в зависимость от воли тех, кто «разрешал» печатать что-либо в стране, было для Пригова проявлением глупости. Он просто исключил в себе внутреннюю зависимость от кого бы то ни было в своей работе.

В тот год у них с Надей возникла необходимость вынести «книжечки» из дому на время. Однажды поздно ночью Надя позвонила и сказала, что они с Димой зайдут на минутку. В однокомнатную квартиру, где я тогда жил, они принесли две огромные тяжелые сумки, набитые минибуксами, благо было недалеко. Мы вместе с трудом запихнули их на антресоль. Они пролежали там какое-то время.

В 1986 году (возможно, в 1985-м, не помню точно) число стихотворений достигло 7000. Пригов объявил об этом в своем перформансе, с которым выступил на семинаре концептуалистов. Кажется, это было в зале районной библиотеки в большом угловом доме сталинской постройки на перекрестке улиц Константинова и Кибальчича недалеко от метро «Алексеевская». По окончании семинара Пригов подарил мне текст[116]. Структура его сама по себе замечательна.

Центральная часть называется «Исповедальный отчет», который начинается словами, обращенными к собравшимся:

> Уважаемые!
>
> Я весьма благодарен всем, собравшимся здесь в честь славного юбилея. Я сознательно не употребляю слово «моего», в смысле «моего юбилея», так как это не есть мой юбилей, юбилей моей особы, но юбилея именно числа стихотворений, написанных мной, естественно, с Божьей помощью; на данный исторический момент, числа 7000. Я хочу обратить на этот факт особое внимание. Так что не бойтесь перехвалить или как-нибудь случайно обругать меня – я все равно не принимаю это на свой счет. Я заранее к вам присоединяюсь.

Этим словам, предшествует «зеркальный текст» наподобие того, что делали возрожденческие мыслители и артисты, среди них Леонардо да Винчи. Но в соответствии с «нововарварской»[117] культурой, к

[116] Подаренный Приговым машинописный вариант с его правкой хранится у нас в семье; я не видел его опубликованным, хотя, возможно, он опубликован, просто я не встречал его.

[117] «Мне представляется, – пишет Пригов, – что я смогу быть персонажем, но уже не интимно-русской культуры, а нововарварской, с которыми я работал, хотя мои проблемы очень эллинистические, называя

которой причислял себя Пригов, текст этот выполнен не каллиграфическим письмом, а на заурядной пишущей машинке. Вот копия оригинала:

10 вопрос: И под конец нашего интервью, не хотели бы вы сами
задать себе какой-нибудь вопрос?
Ответ:
У меня есть подобный вопрос, который, собственно,
задают мне многие: зачем, почему, отчего, для чего и для кого я
я пишу такое количество стихотворений? Да и ответ уже, собственно
есть. Вот он.

Исповедальный отчет

Это последний, 10-й вопрос в интервью, которое предпосылается отчету. В нем вопросы задает анонимный интервьюер, судя по всему Пригов, он же и отвечает. Если этот последний вопрос прочесть в зеркале, результат будет такой:

10 вопрос. И под конец нашего интервью, не хотели бы вы сами задать себе какой-нибудь вопрос?

<u>Ответ:</u>

У меня есть подобный вопрос, который, собственно, задают мне многие: зачем, почему, отчего, для чего и для кого я пишу такое количество стихотворений? Да и ответ уже, собственно, есть. Вот он.

Исповедальный отчет

Сам отчет – описание рабочих стадий и конкретной организации труда на начальном этапе приговской реформы. Напомню, что в итоговом наследии Пригова более 32000 стихотворений (оставляя, как он выразился в первом своем отчете, о котором сейчас идет речь, «в стороне пьесы, прозу, тексты, изобразительные тексты,

---

типологически сходным термином, нежели классическо-эллинские» - см Д. Пригов, С. Шаповал «Портретная галерея Д.А.П.», Москва, НЛО, 2003, конец стр. 17-й – начало 18-й.

рисунки, скульптуру и кое-что прочее»). Окончание исповедального отчета замечательно передает атмосферу культурного контекста, в окружении которого Пригов только и мог вести свою работу по реформированию русского языка:

Пригов: Принцип профессионализма предполагает жизнь устоявшуюся и закономерную. А здесь она, жизнь, всякий раз чудо, случившиеся то ли по недосмотру, то ли руки не дошли, то ли по преступной халатности. Сегодня, скажем, ты – инженер, ученый, художник, кибернетик, а завтра ты – неизвестно кто, да и науки такой вообще не существует. Я повторяю, что все это говорится не об отдельной, конкретной, возможно, вполне счастливой судьбе, но о культурной ситуации определяющей жизнь художника и наиболее жизнепроявительные сферы культуры и языка.

Так вот.

Помните, у Хармса: Я – инженер – ученый – художник! – А по-моему, ты – говно! Художник падает замертво. Что же его бедного, но, что более важно, – неосмысленного, сгубило? Вы уже и сами догадались: сгубила его непозволительная здесь непомерность профессиональной амбиции.

Надо сказать, что рассмотрев сию ситуацию более внимательно и углубленно, мы увидим в ней основополагающее сходство с ситуацией древнегреческого человека Эдипа, где он объявился человеком, сумев сам назвать себя, вырвавшись из вековечного процесса внешнего называния, имеющего своим непреложным исходом – смерть. В Хармсовской истории, как во все времена, было и, видимо, будет, эта ситуация воспроизводится, но в более сложном варианте: сначала надо догадаться, что здесь наличествует загадка; а потом и отгадать ее самою. Что же за спасительно-человеческий ответ? Вот он: да, я – говно!

Так вот.

Отвлекшись от весьма интересного и наталкивающего на многие соблазнительные аналогии и догадки, возможно, спекулятивного свойства, общечеловеческого толкования этой притчи, и вернувшись к социально-культурному пласту жизни, заметим, что в отличие от общечеловеческого толкования, ситуация эта архетипична только в пределах нашего региона, так как где-нибудь там инженер-ученый-художник ответил бы: Сами вы все говно! – и выжил бы. Но здесь, не имея возможности сказать это и не достигнув ясности понимания эдипового ответа: да, я – говно! – наш герой делает единственное, что может сделать наш архетипический герой, попав в подобную архетипическую ситуацию – он умирает.

Так вот.

А наша задача – выжить. А жить для поэта значит жить выживающим архетипическим героем, т.е. являть людям, в каком конкретном обличии объявляется меж нами вековечная поэзия.

Так вот.

Жизнь – это чудо. А у нас – так и подавно.

Так вот.

Позвольте на этом окончить.

В интервью, предшествующем «Отчету», Вопросы 1 – 9 и ответы на них выполнены обычным, не зеркальным письмом. В ответе на вопрос под номером 3 Пригов объясняет стилевое поведение, которому он следовал, создавая свои первые 7 тысяч стихотворений, и поясняет одновременно важные концептуальные особенности своей реформы:

Пригов: 3 вопрос: В чем суть и смысл использования вами готовых стилевых конструкций и омертвелых клише? Ведь текстуально совершенно очевидно, что это не просто цитирование, а скорее попытка создать систему опознавательных знаков в некой новой онтологической парадигме. Что-то вроде нового здания, построенного из обломков старого.

Пригов: Ответ: Как я уже сказал, штампы, языковые конструкции являются героями моих произведений. Сходясь на ограниченной представленной им площади, они пытаются определить способ своего нынешнего существования и правомерность взаимных претензий на тотальное истолкование действительности. Моей задачей является создание некоего «силового поля», чтобы они были направлены лоб в лоб друг другу. При наличии же единственного героя – продуть его «аэродинамическую трубу», где слетают с него все неконструктивные надстройки и пристройки, и он объявляется в своем незащищенном нагише, являя несостоятельность его неправомочных амбиций, но и жизненность, истинность в пределах отпущенной ему истины или в пределах заданной им самим аксиоматики. Отсюда и многочисленные абсурдные ситуации в конце стихотворений, отнюдь не доказывающие основополагающую абсурдность жизни. В тех случаях, когда автору нужно явиться в тексте самому, чтобы убрать поломанную мебель и побитую посуду, то он объявляется в обличьи здравого смысла, существа весьма презираемого в наше время разросшихся и заполнивших всё культурное пространство идеологем, отказывающих здравому смыслу не только в праве артикулировать свое существование, но и в праве на само существование в возвышенных областях искусства.

Хочу еще заметить, что языковые штампы, клише меня интересуют с точки зрения прорастания в них древних языковых и поведенческих структур – объявления заклинаний в заговорах и заговоров в современных лозунгах, трансформация вековечных героев и персонажей в нынешних, современная жизнь архетипических конструктов человеческого сознания и постоянных оппозиций: «мы-они», «здесь-там», «наши-враги», «высоко-низко» и т.п.

В начале 1984 года в одну из наших встреч мы шли по улице Волгина недалеко от его дома. Зима, ночь, холодно, изморось. Пригов сказал, что «решил реформировать русский язык». И дал текст «Нога». Как может один человек реформировать язык сотен миллионов? Я не представлял. Оказалось, – может.

Пригов действовал как врач. Пациент – язык. Набор болезней несовместим с жизнью: амнезия, семантическая клаустрофобия, потеря чувствительности, омертвение нервных тканей, разрушенный иммунитет и фантомные боли. В анамнезе сталинский режим и его рецидивы[118]. Пригов вылечил себя и предложил результат согражданам. Это и стало первым этапом реформы.

Реформатор Пушкин получил язык от Арины Родионовны, легендарной няни из крепостных. Отношения Пригова с народом и его языком иные. В 1977 году, когда ему было 37 (возраст Пушкина на момент дуэли), он обозначил эти отношения так:

Пригов (1977): Я долго буду жить в народе
И буду знать: вот здесь народ
Потом буду лежать в природе
И будет греть меня природ
Народу странной я породы
Природ ж плевал на мой пород
Плевал он и на мой народ
Он жив ему наоборот

[118] См. мой доклад в Сахаровском центре от 2 июня 2005 года «Философия, стратегия и практическая политика КГБ в современной России» (http://old.sakharov-center.ru/museum/seminars/020605.htm, полный текст на сайте https://sergeichesnokov.wordpress.com/texts/)

39. Заключение. Несколько штрихов.

С сентября 1981 по март 1985 я обретал свое гуманитарное образование в Театре на Таганке в роли осветителя, потом пожарника и отчасти актера.

В марте 1984 Юрия Любимова лишили возможности продолжать работу в созданном им театре, а вскоре вышел правительственный Указ «О лишении гражданства СССР Любимова Ю.П.». На его место был назначен Анатолий Эфрос, который согласился играть эту кошмарную роль. Театр стал для меня пустым.

В новогоднюю ночь наступающего 1985 года я дежурил. Весь театральный комплекс был полностью в моем распоряжении. Пользуясь этим, я в ту ночь на территории театра отменил действие всех советских постановлений и указов, в том числе об увольнении Любимова и о лишении его гражданства. Театр на одну ночь снова стал Театром Юрия Любимова.

За час до Нового Года туда пришли мои друзья художники со своими друзьями, и мы все вместе устроили перформанс «Встреча Нового 1985-го года на большой сцене Театра на Таганке». Участники одновременно были зрителями.

Так появилась эта фотография: Дмитрий Пригов и Надежда Бурова, большая сцена Театра на Таганке. Новогодняя ночь. Только что наступил 1985-й год.

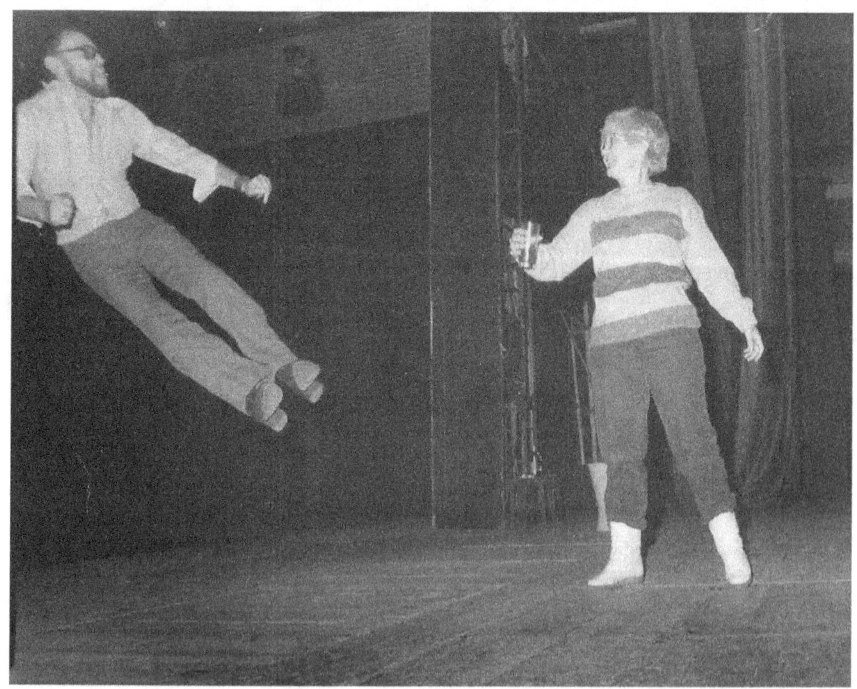

Фото Василия Кравчука.

Через три месяца началась горбачевская перестройка.

Дмитрий Пригов и Юрий Любимов. Налицо разница поколений, судеб, эстетики, отношений с окружающей культурой и социальной средой. Кардинально разные виды театра и артистического амплуа. Но когда речь о языке без границ, любой театр неотъемлемая его часть и в этом плане факт связанности Пригова и Любимова вне сомнений. В своем выступлении на конференции в театре Вахтангова в Москве 23-25 апреля 2014, посвященной 80-летию творческой деятельности Юрия Петровича и 50-летию его Театра, я рассказал о том новогоднем перформансе, а фотографию Димы и Нади передал Каталин Любимовой в их с Юрием Петровичем семейный архив.[119]

В конце 60-х от Галича у него дома на Черняховского я слышал слова: «У нас метафорами любят замещать все. Но зачем пользоваться метафорами там, где нужен и возможен прямой разговор?». Рациональность, близость к реальности в языке без границ – отличительная черта культуры, которую создавал Пригов, находясь в полном одиночестве притом, что в его ближнем окружении было немало тех, кто высоко оценивал его творчество и разделял его взгляды.

> ***Пригов*** (декабрь 1996): Рациональность для меня легка, именно потому, что я знаю сферу, где полностью пропадаю. Эта проблема, кстати, очень актуальна в России. Здесь есть страсть мистифицировать буквально все, что должно быть ясно. Действительно, есть уровень тайны, но нужно иметь честность расчислить все, что должно быть расчислено. Мы постоянно наблюдаем попытку продвинуть тайну вплоть до вбивания гвоздя, а вдохновение – вплоть до стрижки ногтей. Мистический туман, напускаемый на самое простое действо, дает человеку право на духовную и интеллектуальную леность. Это и есть большая нечестность и пагуба местной культуры. [120]

Кроме нескольких собратьев по первоначальному цеху концептуалистов и нескольких друзей за рубежом, вневременными уникальными союзниками Пригова в русской культуре были и остаются Бахтин, Гершензон, Мандельштам, Любимов и Галич[121]. Ряд заведомо не полон, но все, кто в него входит, продолжают быть

---

[119] Мой текст «50 лет работы, свободы и одиночества» посвященный Юрию Любимову, по мотивам того выступления в Москве, в театре Вахтангова 23 апреля 2014 можно найти в открытом доступе на сайте https://sergeichesnokov.wordpress.com/texts/ (раздел «Тексты», подраздел 3. ИСКУССТВО И НАУКА).

[120] Д. Пригов, С. Шаповал «Портретная галерея Д.А.П.», Москва, НЛО, 2003, стр. 108.

[121] Как связаны Дмитрий Пригов и Александр Галич, отдельный разговор.

«белыми воронами», «особыми точками», «неканоническими раритетами» в местной культуре.

Мандельштам: Существовать – высшее самолюбие художника. Он не хочет другого рая кроме бытия… Зрелище математика, не задумываясь возводящего в квадрат какое-нибудь десятизначное число, наполняет нас некоторым удивлением. Но слишком часто мы упускаем из виду, что поэт возводит явление в десятизначную степень, и скромная внешность произведения искусства нередко обманывает нас относительно чудовищно-уплотненной реальности, которой оно обладает.[122]

На вопрос Сергея Шаповала, какой совет Пригов мог бы дать современному молодому человеку, ответ был такой:

Пригов: Я бы посоветовал при выборе деятельности не подпадать под инерционность занятия, привычность его в качестве престижного, денежного и пр. Все очень быстро в этом мире меняется. В свое занятие нужно входить в расчете на то, что результаты (в виде полного срастания с данным родом деятельности, принятия его как служения и пр.) будут не раньше, чем через десять лет. Сейчас распространена идеология форсирования событий: деньги – так сейчас, и фантастическая слава – так запредельная и т.д. Я не знаю, насколько мой совет адекватен нынешним темпам жизни, но, по-моему, надо жить как бы с двойным прицелом: что-то нужно иметь сейчас, но постоянно учитывать то обстоятельство, что все есть процесс, что прежде всего важна работа не с данной социальной институцией, а с собой. С собой нужно работать как с тонким, сложным, медленно поддающимся тренировке и настройке организмом.

Тот же совет в поэтической форме:

---

[122] «Утро акмеизма» в кн. О. Мандельштам «Слово и культура», Москва 1987, стр. 168. См. также примечание Павла Нерлера к статье «Утро акмеизма» там же, стр. 298-299.

Пригов: Вот молодежь ко мне приходит
А что я ей могу сказать?
Учитесь? – да уже сказали
Женитесь? – женятся и так
А поженившись-научившись
Так это каждый проживет
А я скажу ей как злодей:
Живите там, где жить нельзя –
Вот это жизнь!

В России Пригов – «неканонический классик»[123]. Сам же он говорил (30 октября 1999), что своими взглядами и творчеством являет, «новый тип технологии сознания, который в мировой культуре уже банален, а здесь все еще неожидан и ужасен».[124] Его неизбежное врастание в русскую и мировую культуру идет быстрыми темпами. Тем не менее процесс этот скорее всего будет драматичным и долгим. На какое-то время Пригову в России, видимо, суждено стать Бао Даем, – по его собственному предсказанию: «Но вдруг к себе я пригляделся/ И тихо ахнул: Боже мой! / Так вот он, вот он – Бао Дай/ Явился!». Но никто не знает, что будет в будущем. Вполне возможно, что итоговая судьба Пригова в качестве «классика» будет той о которой говорит Борхес заключительными словами своего эссе «По поводу классиков»:

Борхес: Возможно, что чувства, возбуждаемые литературой, вечны, однако средства должны меняться хотя бы в малейшей степени, чтобы не утратить свою действенность. По мере того, как читатель их постигает, они изнашиваются. Вот почему рискованно утверждать, что

[123] Неканонический классик: Дмитрий Александрович Пригов. Сборник статей и материалов. Москва, НЛО, 2010, – 784 с., ил., + DVD-диск.

[124] Интервью «Постмодернизм, хоть имя дико...» в кн. Д. Пригов, С. Шаповал. Портретная галерея Д.А.П., Москва, НЛО, 2003, стр.96.

> существуют классические произведения и что они будут классическими всегда.
>
> Каждый человек теряет веру в свое искусство и его приемы. Решившись поставить под сомнение бесконечную жизнь Вольтера или Шекспира, я верю (в этот вечер одного из последних дней 1965 года) в вечность Шопенгауэра и Беркли.
>
> Классической, повторяю, является не та книга, которой непременно присущи те или иные достоинства; нет, это книга, которую поколения людей, побуждаемых различными причинами, читают все с тем же рвением и непостижимой преданностью[125].

Одно несомненно: в обозримом (и, возможно, весьма отдаленном) будущем любое слово о Пригове не будет последним.

---

[125] Х.Л. Борхес, «По поводу классиков», перевод Е. Лысенко. В кн. Х.Л. Борхес. Проза разных лет. Москва, «РАДУГА», 1984, стр.224.

ОБ АВТОРЕ

Сергей Чесноков (1943 г.р.) известен своими работами в области гуманитарных оснований точных наук. Его книги и статьи — вклад в математическую логику и методы получения гуманитарных знаний. Главная проблема его жизненного проекта — диагностика и преодоление современного конфликта гуманитарной и естественнонаучной культур. Среди тех, кто своей жизнью и творчеством помог автору в его работе, Пригову принадлежит особая роль. Книга - дань благодарности артисту.